Erwecke die Göttin in dir

Alison Davies

MIT ILLUSTRATIONEN VON

KATJA PEREZ

KNESEBECK

Vorwort
von Lindsay Squire (The Witch of the Forest)

Seit sechzehn Jahren bin ich als Hexe unterwegs. Gottheiten gewannen erst in den letzten drei Jahren Bedeutung für mein Hexenwerk, besonders die Göttin Freya. Ich wünschte, es hätte dieses Buch damals schon gegeben – denn der Drang, mit Gottheiten zusammenzuarbeiten und sich mit ihnen zu verbinden, fordert ganz schön heraus. Dieses Buch ist die perfekte Starthilfe! Es ist wunderbar für alle, die gerade erste Schritte auf dem Weg zu den Göttinnen unternehmen: Hier lernen sie unterschiedlichste Gottheiten aus unterschiedlichsten Pantheons kennen. Aber auch diejenigen, die bei ihrem Hexenwerk schon länger mit Göttinnen zusammenarbeiten und ihre Verbindung zu der von ihnen gewählten Gottheit vertiefen wollen, profitieren von diesem Buch.

Gelungen ist Alison auch die Aufteilung des Buches nach den Elementen in vier Kapitel. Jede Göttin wird in dem Kapitel vorgestellt, das ihrem Element entspricht. Alison schöpft aus dem reichen Schatz der Volksmärchen und Sagen: aus Erzählungen der amerikanischen Ureinwohner oder aus der keltischen, römischen, buddhistischen, ägyptischen und nordischen Mythologie. Sie berichtet aber auch von weniger bekannten Gottheiten wie denen der Azteken und der Sumerer. Dabei erweckt Alison die Göttinnen zum Leben, sodass sich die Leserinnen mit deren wahren Wesen verbinden können. Dieses Buch sei jedem empfohlen, der sich für Göttinnen interessiert. Wer Interesse an einer besonderen Göttin hat, kann mit deren Geschichte beginnen und dann nach Lust und Laune weiterlesen, um andere Göttinnen kennenzulernen.

Dieses Buch ist weit mehr als eine Sammlung alter Sagen und Geschichten, es enthält darüber hinaus Rituale und Affirmationen, die eine tiefe und umfassende Verbindung zu den Göttinnen ermöglichen und deren Kraft und Eigenschaften im Leben der Leserinnen spürbar werden lassen. Bemerkenswert sind auch die hinreißenden Illustrationen von Katja Perez – einer meiner liebsten zauberhaften Künstlerinnen. Katjas wunderschöne Bilder und Alisons Worte erwecken die Geschichten zum Leben und helfen dir, deine innere Göttin zu befreien – wo auch immer du dich auf deiner Reise gerade befindest!

Einleitung

Die Entstehung der Gottheiten

Seit Anbeginn der Menschheit erzählen wir Geschichten. Wir nutzten sie, um all den zauberhaften und unerklärlichen Dingen, die wir am Himmel und auf der Erde entdeckten, einen Sinn zu geben. Wir nutzten sie, um zu erklären, was um uns herum geschieht. Wir nutzten sie, um uns miteinander zu verbinden und einander in unserer Unterschiedlichkeit zu verstehen. Wir nutzen sie zum Unterhalten und zum Heilen. Überall auf der Welt entstanden vom jeweiligen Umfeld beeinflusste Mythologien, die immer weitergesponnen wurden, bis schließlich die übermenschlichen Götter und Göttinnen zum Leben erwachten – ausgestattet mit Eigenschaften und Attributen, die uns wichtig erschienen. Sie erlaubten sie uns, Verantwortung abzugeben und unser Handeln als »Wille der Götter« zu bezeichnen.

Die Geschichten boten nicht nur Erklärungen dafür, warum Dinge geschahen (und wem wir es anlasten konnten, wenn etwas schiefging), sondern sind auch heute noch hilfreich, wenn wir uns selbst und die Rolle, die wir in der Welt spielen, deuten und uns mit der Energie der Gottheiten verbinden wollen.

Warum Göttinnen?

Anders als die häufig vom Ego geleiteten männlichen Gottheiten sind die Göttinnen zugänglicher. Sie schlüpfen in Rollen, mit denen wir uns identifizieren können, erscheinen in Gestalt von Königinnen, Müttern, Hausfrauen, Schwestern und besten Freundinnen. Manche sind vielfältig, andere konstant, je nach ihrer Rolle in der Mythologie. Doch allesamt sind sie faszinierende Wesen, die uns helfen, uns selbst und die Welt um uns herum zu verstehen. Manchmal erinnern sie uns auch an unsere eigenen Kräfte und Gaben und daran, wie wir diese in der Praxis einsetzen können.

Auf dem Weg zum Herzen einer Göttin finden wir eine Frau, die manchmal wild und ungezähmt ist, manchmal Sklavin ihrer Leidenschaften, getrieben von der überfließenden Liebe in ihrem Inneren. Sie kann eine mutige Kriegerin sein, stark und fähig, für ihr Anliegen zu kämpfen. Oder eine Heilerin, weiser, als ihr Alter vermuten lässt, mit geschickten

Händen und dem zeitlosen Wissen, Wunden zu stillen. Oft ist sie Mutter, Schöpferin und Quelle allen Lebens, deren Fürsorge weit über die Schöpfung des Universums hinausreicht. Ihre Macht ist sehr viel größer als die jedes Mannes: Götter mögen die Väter sein, doch sie ist das »göttliche Weibliche«, der fruchtbare Schoß, aus dem alle Ideen geboren werden.

Auf diesen Seiten erfahren wir, dass es nichts gibt, was eine Göttin nicht erreichen könnte, wenn sie es sich einmal vorgenommen hat. Ihr Verantwortungsbereich spielt dabei keine Rolle: Wenn sie mit ganzem Herzen etwas verändern will, dann wird die Veränderung eintreten – in gutem oder in schlechtem Sinne, je nachdem, welche Lektion sie uns erteilen möchte.

Die Erzählungen

Alle Geschichten in diesem Buch enthalten ein Fünkchen Wahrheit. Sie basieren auf Volkserzählungen, die über Jahrtausende hinweg mündlich überliefert wurden; auf den klassischen Sagen des Altertums; auf gelehrten Werken über die Darstellung von Gottheiten in einer bestimmten Mythologie oder auf Fantasien, die rund um eine Göttin und deren Gaben gesponnen wurden. Die Göttinnen erwachen in diesem Buch zum Leben und treten aus den Seiten heraus in unsere Gedankenwelt, damit wir uns mit ihrem wahren Wesen verbinden können.

Manche der Geschichten ähneln sich – denn die Mythologien der Welt inspirieren einander und teilen bestimmte Ideen und Konzepte, wiederkehrende Motive und Geschichten, sodass eine bunter Teppich an Vorstellungen entsteht. Zu jeder Göttin in einer Mythologie findet sich ein Gegenstück in einer anderen – und doch gibt es Unterschiede: Wo auch immer deine Interessen liegen, wo auch immer du dich im Leben befindest – eine der hier vorgestellten Göttinnen wird dich ansprechen.

Wie du dieses Buch nutzen kannst

Es wird auf den folgenden Seiten Geschichten geben, die dich einfach nur erfreuen und unterhalten, während du andere immer wieder lesen willst, weil sie dich stärken und etwas in dir zum Klingen bringen. Wie du dieses Buch liest, ist ganz und gar deine Entscheidung. Zieht dich eine bestimmte Mythologie besonders an? Dann kannst du zuerst die Geschichten über deren Göttinnen lesen. Willst du dich aus einem bestimmten Grund mit einer Göttin verbinden? Dann können dir die am Anfang jeder Geschichte aufgelisteten Gaben der jeweiligen Göttin weiterhelfen. Und wenn du das Buch einfach nur genießen willst, dann lies es von Anfang bis Ende durch – oder stöbere nach Lust und Laune darin herum.

Dieses Buch umfasst vier Kapitel: Jedes ist einem Element gewidmet und beleuchtet bestimmte Aspekte der Göttinnen. Wenn du eine Vorliebe für bestimmte Geschichten bei dir entdeckst, kann es sein, dass du dich zu einer speziellen Art von Göttin hingezogen fühlst. Diese Anziehungskraft ist Grund genug, um mehr über diese Art von Göttin zu erfahren und dich auf tieferer Ebene mit ihr zu verbinden.

Das Ritual am Ende jeder Geschichte hilft dir, die Energie der dort beschriebenen Göttin sowie ihre Gaben und Eigenschaften im Alltag zu nutzen. Mache dir bestimmte Fähigkeiten und Haltungen der Göttin zu eigen, um in die Geschichte einzutauchen und deine innere Göttin zu befreien. Außerdem befindet sich am Ende jeder Geschichte eine Affirmation, die dir hilft, dich überall und jederzeit direkt mit der beschriebenen Göttin zu verbinden und Kraft zu schöpfen.

Nimm dir nach jeder Geschichte etwas Zeit und denke darüber nach, was sie in dir ausgelöst hat. Wenn du in die Energie einer bestimmten Göttin eintauchen möchtest, kannst du das entsprechende Ritual vollziehen und während des Tages immer wieder die am Ende aufgeführte Affirmation aufsagen. So stärkst du deine Verbindung mit der Göttin.

Die Geschichten aus aller Welt helfen dir, die Göttinnen und ihre Gaben besser zu verstehen. Du lernst dich selbst und deine Rolle in dieser Welt besser kennen und erfährst, wie du die dir innewohnenden göttlichen Kräfte entwickeln und im Alltag anwenden kannst.

Erwecke die Göttin in dir und heiße sie willkommen.

Viel Freude damit!

1 Erd- und Muttergöttinnen

In diesem Kapitel werden Erd- und Muttergöttinnen vorgestellt – starke, bodenständige, zuweilen auch revolutionäre Charaktere. Diese weisen Frauen stehen am Anbeginn der Zeit, sie brachten Sicherheit und Ruhe in das Chaos und erschufen so die Welt. Ihr mütterliches Wesen drängt diese Göttinnen dazu, immer wieder in das Geschehen einzugreifen. Ihre überbordende Fürsorge mag manchmal erstickend wirken, doch wie alle guten Mütter wissen sie auch, wann es Zeit ist, einen Schritt zurückzutreten oder einfach als Vorbild voranzugehen.

Als Naturgeister helfen die Göttinnen uns Menschen, Verbindung zu unseren wild lebenden Mitgeschöpfen und der Welt um uns herum herzustellen. Zuweilen erscheinen sie in Gestalt der Natur oder der Jahreszeiten, die unsere Landschaften im Wechsel färben. Ihre Geschichten und Taten spiegeln den Kreislauf des irdischen Lebens wider.

Sie stehen für kleine und große Veränderungen und sind an unserer Seite, wenn wir unseren Standpunkt verteidigen, uns auf eigene Füße stellen, die Welt um uns herum gestalten und mit anderen in Verbindung treten. Sie sind unser Anker und unsere Inspiration, denn ihre Weisheit ist zeitlos und wahrhaftig.

Atíra

Erdgöttin der amerikanischen Ureinwohner

GABEN
Fülle, Schöpfungskraft, neues Wachstum, Inspiration

»MUTTER MAIS«

Die Mythologien vieler amerikanischer Ureinwohner erzählen, dass einst der Große Geist die Erde erschuf und den Menschen ermöglichte, glücklich und in Harmonie miteinander und mit den anderen Geschöpfen von und auf der Erde zu leben. Er lehrte sie, wie das Leben sein sollte und wie sie für das Wohlergehen ihrer Familien sorgen konnten.

»Die Erde gehört euch nicht«, erklärte er, »sie ist nur eine Lehensgabe auf Lebenszeit.«

Viele der Stämme nahmen sich diese Worte zu Herzen und glaubten daran, doch es gab auch Menschen, die sich den Göttern überlegen wähnten, sich sogar selbst für Götter hielten oder zumindest so handelten, als seien sie Götter. Bei diesen Menschen wuchs ein beständiger Unmut. In ihrem Machthunger und ihrer Überheblichkeit begingen sie schreckliche Taten – sie begannen, das zu zerstören, was sie am Leben erhielt. Sie kümmerten sich nicht um ihre Mitgeschöpfe und schon gar nicht um ihre Mitmenschen, sondern suchten nach Möglichkeiten, in Wohlstand zu leben, ohne Zeit und Mühe zu investieren und das Land zu pflegen. Ihr Abscheu gegenüber denjenigen, die auf die alte Art lebten, wurde immer stärker – und was als winziger Ameisenhügel des Unmuts begonnen hatte, wurde zu einem Felsmassiv des Hasses.

»Du musst etwas unternehmen«, drängten die Geister der alten Zeiten den Großen Geist. »Wenn du nicht eingreifst, werden sie sich gegenseitig und schließlich die ganze Erde zerstören, und nichts wird übrig bleiben.«

Der Große Geist stimmte ihnen zu. Er wusste, dass es Zeit zu handeln war, und pflanzte einen Samen aus Licht und Güte in den Himmel. Dann sandte er eine Botschaft an die Medizinmänner und -frauen und wies sie an, dass

sich alle, die sich um die Erde kümmerten, in eine Höhle im Westen zurückziehen sollten, wo sie in Sicherheit wären. Anschließend versiegelte der Große Geist den Eingang und machte sich an die Arbeit.

Mit seinem allmächtigen Atem blies er Geist in die Flüsse und Ströme, bis sie sich alle zu einer riesigen Flut vereinten, die das Land überschwemmte und neben Erdschollen auch die Übeltäter mit in den Abgrund riss. Unaufhörlich schoben sich die Wassermassen voran, keiner konnte entkommen – nur die Menschen in der Höhle überlebten die Flut. Als die Erde von allem Bösen gereinigt war, öffnete der Große Geist den Höhleneingang, sodass die Menschen wieder hinauskonnten. Damit sie diesmal auf dem rechten Pfad blieben, beschloss er, sie spirituell zu stärken, und stellte ihnen Atíra, die Maisgöttin, zur Seite, die er aus dem Samen im Himmel gezogen hatte.

Wie der Mais war auch sie süß und voller Licht. Die starke Göttin nährte Körper und Geist, regte neues Wachstum an und ermutigte die Menschen, sich um ihr inneres Licht und ihre innere Stärke zu kümmern. Atíra kultivierte nicht nur die Seelen, sondern auch das Land. Sie lehrte die Menschen den Ackerbau, sodass diese reich ernten konnten. Wenn die Erde aber unfruchtbar war und nichts wachsen wollte, beteten die Menschen zu ihr. Dann sandte Atíra Regen, um den Boden zu tränken, und Sonne, um die jungen Sprösslinge willkommen zu heißen. Den Menschen, die harte Zeiten durchlebten und Antworten brauchten, erschien sie im Traum.

So wurde Atíra zur Mutter aller Lebewesen, zur Maisgöttin, deren Vermächtnis dafür sorgte, dass stets genug für alle da war. Wo immer ihr Fuß den Boden berührte, wuchsen riesige goldgelbe Felder, die sich bis zum Horizont erstreckten und sie und ihr Volk näher zusammenbrachten.

AFFIRMATION

»Jeder meiner Schritte verbindet mich mit der Energie der Erde.«

RITUAL

Als inspirierende Erdgöttin bringt Atíra neues Wachstum und geht als Vorbild voran. Ihre irdische Erscheinungsform ist der reichlich wachsende, goldgelbe Mais. Sie hält positive Energie aufrecht und verbreitet sie. Unsere Welt zu schützen ist die beste Art, sich mit ihr zu verbinden und Fülle anzuziehen.

Dieses Ritual beruht auf Erde und Wachstum. Es stärkt den Geist und schafft positive Energie.

Du benötigst ein Stück Erde (in deinem Hinterhof oder im Stadtpark – oder einfach in einem Blumentopf).

- Wähle je nach Vorliebe und der zur Verfügung stehenden Fläche ein paar Gemüse- oder Blumensamen. Wenn dir partout nichts einfallen will, dann entscheide dich für Wildblumen – die sind pflegeleicht und ideal für Bienen und andere Bestäuber.
- Entferne Steine und Pflanzenwuchs, um den Boden vorzubereiten. Wenn du einen Blumentopf verwendest, dann füllen ihn fast bis zur Gänze mit Blumenerde.
- Ziehe mit der Hand Furchen für die Samen in den Boden und spüre dabei die feuchte Erde zwischen den Fingern.
- Atme tief ein, sodass die Erdenergie in dein Herz dringen kann.
- Verteile die Samen in den Furchen und bitte dabei die Erde, deinen Geist zu erfüllen und dich in jedem Lebensbereich mit neuem Wachstum zu segnen.
- Bedecke die Samen dann mit Erde und wässere sie großzügig.
- Stelle dir beim Gießen vor, wie die Samen zu Pflanzen mit prächtigen Blüten oder Früchten heranwachsen.
- Sprich die Worte: »Ich nähre Fülle und neues Wachstum.«
- Wiederhole dieses Ritual jedes Mal, wenn du die Samen gießt, und danke dabei der Erde für deren überfließende, lebensspendende Energie.

Elen der Wege

Keltische Wegegöttin

GABEN
Führung, Schamanismus, Magie, Natur

»DER HEIMWEG«

In grauer Vorzeit trat sie aus den Schatten hervor und streckte sich wie ein junger Baum der Sonne und ihrem Schicksal entgegen. Von der Sonne geküsst, wuchs sie gemeinsam mit der Landschaft heran, stark wie eine zu den Sternen aufragende Eiche. Wild fielen ihr die roten, mit Ranken und Blättern geschmückten Haare wie ein Mantel über die Schultern. Ihre Augen strahlten grün wie Gras und Moos und all die jungen Sprösslinge, die um sie herum aus dem Boden schossen. Doch am eindrucksvollsten war das Geweih, das wie eine knöcherne Krone aus ihrer Stirn spross. Es zeigte, dass sie keine gewöhnliche Frau war, sondern Elen der Wege, eine wilde und heilige Erdgöttin.

Im Laufe der Jahrtausende suchten viele nach ihr, keltische Krieger genauso wie die Machthaber Roms. Manche meinten zwischen den Zweigen einen Blick auf sie erhascht oder ein Rascheln ihres Gewandes vernommen zu haben – doch wie konnten sie sich sicher sein? Vielleicht war es nur ein Traum, denn Elen bewegte sich auch in der Welt der Träume.

Einmal wanderte ein junger Jäger durch den Wald und vergaß die Zeit. Als die Nacht hereinbrach, suchte er Unterschlupf in einem hohlen Baum. War er in der hellen Nachmittagssonne noch voller Jagdlust gewesen, so erfüllten die Laute des Waldes – das Schnaufen und Scharren seiner ersehnten Beute, das Knarren der Bäume, die Blätter im Wind – ihn nun mit Schauder. Er war allein, fror und wusste nicht, wo er war.

Mit zusammengebissenen Zähnen schlang er sich seinen dünnen Schal um die Schultern und rollte sich zusammen. Gerade wollte er die Augen schließen und um heilsamen Schlaf bitten, da weckte etwas seine Aufmerksamkeit – in

der Dunkelheit leuchteten zwei Punkte, wie winzige Flammen, nur viel heller.

Gebannt schaute er auf die tanzenden Lichter und erkannte darin schließlich die im Dunkeln hell leuchtenden Augen eines Wesens mit großem Geweih. Wie unter Zwang rappelte er sich auf und pirschte über den Waldboden in Richtung des Tieres. Anders als erwartet, floh die Kreatur nicht, sondern schien sogar auf den jungen Mann zu warten. »Seltsam«, dachte der Jäger bei sich, fühlte sich jedoch erstaunlich wohl in Gegenwart des Geschöpfs und schob sich weiter durchs Unterholz. Noch nie hatte er ein solches Wesen gesehen – tatsächlich war es ein Rentier, und das war kein gewöhnlicher Gast in den Wäldern dieser Zeit. Es schien, als verliefe zwischen dem Tier und dem jungen Mann ein unsichtbares Band aus Licht, mit dem es ihn führte. Immer wieder blieb es stehen, wandte sich um und blickte den Mann sanft an. Dabei fühlte er jedes Mal, wie ihn tiefe Ruhe überkam. Zuweilen schien es ihm auch, als höre er ein Wort – nur ein einziges Wort, nämlich »heim«. Ob das Tier ihm erklären wollte, dass dieser alte Wald sein Zuhause sei? Oder forderte es ihn auf, nach Hause zu gehen?

Schließlich erreichten sie eine Lichtung, und der Jäger entdeckte einen ihm bekannten Pfad. Er eilte darauf zu und wandte sich noch einmal zu dem Rentier um, doch an dessen Stelle stand nun eine Frau mit prächtigem Geweih, beerenroten Haaren und glitzernden grünen Augen. Sie zeigte mit ihrem schlanken Finger auf den Pfad und sagte »heim«. Dann lächelte sie, flüsterte ein weiteres Mal »heim« und zog sich langsam in den Wald zurück.

In diesem Moment ging die Sonne auf, und die Erscheinung begann vor seinen Augen zu verblassen. Der junge Mann erwachte wie aus einem tiefen Schlaf, doch er lag nicht länger in der Baumhöhle, sondern auf einem staubigen Pfad am Waldesrand. Er rieb sich die Augen: »War das ein Traum? Aber warum bin ich dann hier?« Als er sich aufgerappelt hatte, blickte er zurück in den Wald – es schien, als bewege sich dort etwas in den Schatten. Ein Lächeln, blitzend grüne Augen, ein Geweih und Hufe, die sich von ihm entfernten. »Heim«, sagte er und ließ das Wort mit dem Wind verwehen. Von diesem Tag an vergnügte er sich niemals mehr damit, Tiere zu jagen, sondern schützte sie, wenn er durch die Wälder streifte. Dabei hielt er stets Ausschau nach der geheimnisvollen, wegweisenden Frau mit dem Geweih, doch er sah sie niemals wieder.

AFFIRMATION

»Ich habe den für mich richtigen Pfad gewählt.«

RITUAL

Elen, eine visionäre und nährende Göttin, weiß, dass ein Leben aus vielen Reisen besteht, physischen, emotionalen und spirituellen.

Sie ist mit der Erde und den Urwäldern verbunden und hilft dir auf der Suche nach deinem Lebenssinn.

Dieses Ritual beruht auf einer bildhaften Geschichte. Es hilft dir, dich mit der Natur und der dir innewohnenden Intuition zu verbinden. Lege Stift und Notizbuch bereit, damit du deine Erkenntnisse gleich notieren kannst.

- Suche dir einen Wohlfühlort, setze dich mit geschlossenen Augen hin und atme tief ein und aus.
- Stelle dir vor, dass du mit dem Rücken an einen Baum gelehnt mitten im Wald sitzt.
- Spüre die Rinde auf deiner Haut und lehne dich mit deinem ganzen Gewicht gegen den Stamm.
- Jeder deiner Atemzüge verbindet dich stärker mit deiner Umgebung.
- Du nimmst Bewegungen um dich wahr und siehst einen jungen Hirsch zwischen den Bäumen im Unterholz.
- Langsam kommt er immer näher, bis er vor dir steht. Willst du deine Hand ausstrecken und ihn berühren oder ihm im Geist einen stillen Gruß senden?
- Lass deiner Fantasie freien Lauf und kommuniziere mit deinem Krafttier auf die Art, die dir richtig erscheint. Wenn du Führung benötigst, bitte den Hirsch um Hilfe.
- Sobald du bereit dazu bist, lass den Hirsch wieder gehen und öffne nach zwei tiefen Atemzügen die Augen.
- Notiere Erkenntnisse, Botschaften und visuelle Hinweise in deinem Notizbuch, damit du immer wieder darauf zurückgreifen kannst.

Gaia

Griechische Erdgöttin

GABEN
Geburt und Wiedergeburt, Ausgeglichenheit, Kreisläufe des Lebens

»DIE GEBURT DER WELT«

Der Anfang war Chaos, ein Gedanke, der sich erst noch herausbilden musste, ein gähnender Abgrund, der alle Möglichkeiten offenließ. Denn genau das ist Chaos: Möglichkeiten, welcher Art auch immer – Unruhe, Zerstörung, Freude oder Wahnsinn ... So begann es. Damals gab es weder Himmel noch Erde. Es gab nichts und gleichzeitig alles, was man sich vorstellen konnte.

Das Chaos existierte jenseits der Zeit – und wie bei einer Schlange, die sich in den eigenen Schwanz beißt, waren kein Anfang und kein Ende erkennbar. So wäre es wahrscheinlich für alle Ewigkeit geblieben, wäre nicht Gaia erschienen. Woher sie kam? Niemand weiß es. Irgendwie war sie dem Chaos entsprungen. Wie ein Komet durchschnitt sie die Dunkelheit und brachte Leben in die Welt. Aus der Leidenschaft ihres Herzens gebar sie einen brennenden Felsen und stellte ihn mitten in den reißenden Schlund des Universums. So begann der Tanz der Erde. Mit jeder Umdrehung wurde sie größer und schöner, und die Macht der Muttergöttin auf ihrem olympischen Thron wuchs.

Nach ihr kam Tartaros, der Herr der Unterwelt, dem die Obhut der unterirdischen Stätte oblag, wo die Seelen der Verstorbenen Ruhe fanden. Ihm folgte die Liebe in Gestalt des Eros – denn ohne Liebe gäbe es nichts, und die Welt könnte nicht weiter existieren. Gaia war bewusst, dass sie nur mit Liebe überleben und aufblühen konnte, und so hatte sie ihn bereits erwartet.

Die drei wurden zur kosmischen Macht, zu den ältesten Gottheiten, welche die Welt formten. Sie herrschten gemeinsam, doch Gaias Bestimmung ging darüber hinaus, etwas in ihr drängte sie dazu, zu erschaffen und zu gebären. Obgleich sie die Allmutter war, hatte sie keine eigenen Kinder, und während Hunderte und Aberhunderte

von Lebenszeiten vergingen, fühlte sie sich zunehmend unruhig und einsam. Sie war es müde, Selbstgespräche zu führen und für alle das Licht zu sein, aber keines Wesens Mutter.

In ihrer Verzweiflung und ihrer Sehnsucht erschuf sie Uranos. Er wurde ihr Vertrauter und Partner und der Herrscher über den Himmel. Zu ihrer beider Gesellschaft erschuf sie auch noch Pontos als Herrscher der Meere und Oure als Herrscherin über Berge und Hügel.

So begann die Formung der Erde: Durch einen göttlichen Blick entstanden große Landflächen. Eine Handbewegung ließ die Meere entstehen, und das Salzwasser bahnte sich seinen Weg rund um Kontinente und Inseln.

Der lebensspendende Himmel beugte sich herab, um die Erde zu küssen und ihr Hoffnung für die Zukunft zu schenken. Gaia sah all das, aber sie hatte noch weitere Pläne.

Gemeinsam mit Uranos zeugte sie Kronos, der zum ersten und mächtigsten der Titanen wurde. Doch anders als erwartet, hatte dieses göttliche Geschöpf weder ein gutes Herz, noch war er bereit, seinen Teil zur Schöpfung beizutragen. Er war eine zerrissene Persönlichkeit und verachtete seine Mutter. Er schuf die Zeit als etwas Zerstörerisches und herrschte voller Grausamkeit. Erst die nachgeborenen Götter des Olymps setzten seiner Tyrannei ein Ende.

Gaia jedoch ging in ihrer Mutterrolle auf und liebte und pflegte die Schöpfung. Sie schuf Tag und Nacht sowie eine Myriade weiterer Wunder – vor allem jedoch erschuf sie die Menschen und setzte Sterne und Sonne in den Himmel, damit sie sich daran orientieren konnten. Die Menschen beteten die Göttin an und priesen sie.

Gaia trat in unterschiedlicher Gestalt auf: als alte Frau, deren Körper die Erde und deren Krone der bestirnte Himmel war, oder als junges Mädchen, das sich als Landschaft über die Erde erstreckte. Gaia, die aus dem Chaos herausgetreten und die Mutter aller Dinge war, brachte Ruhe und Frieden. Sie war die Entstehung der Welt.

AFFIRMATION

»Jeder neue Tag ist ein neuer Anfang, der es mir ermöglicht, meine Welt zu erschaffen.«

RITUAL

Gaia ist die Erde, der Anfang aller Dinge und der Mittelpunkt jedes Lebenszyklus. Sie besitzt die Macht, Neues zu erschaffen und zu formen. Ihre lebensspendende Energie bringt endlosen Segen.

Dieses Ritual schöpft aus der Erdenergie – es bringt dich auf den Boden zurück, danach bist du bereit, dem neuen Tag gegenüberzutreten und die sich bietenden Möglichkeiten voll auszuschöpfen.

Vollziehe dieses Ritual also am besten morgens bei Sonnenaufgang oder direkt nach dem Aufstehen.

- Stelle dich barfuß aufs Gras, die Füße hüftweit auseinander, und nimm die Schultern zurück.
- Lass dein Gewicht in die Unterschenkel sinken und beuge leicht die Knie.
- Spüre, wie sich durch deine Fußsohlen hindurch eine Verbindung mit der Erde bildet.
- Schließe deine Augen und achte darauf, wie sich das Gras unter deinen Füßen anfühlt.
- Atme tief ein und stelle dir dann beim Ausatmen vor, dass winzige Wurzeln aus deinen Sohlen wachsen, sich tief in den Boden hineingraben, sich um andere Wurzeln schlingen und dich in der Erde verankern.
- Gib dein Gewicht an den Boden ab und spüre dabei, wie die Verbindung immer stärker wird.
- Stelle dir vor, dass du mit jedem deiner Atemzüge mehr Erdenergie aufnimmst und wie diese vom Wurzelwerk aus durch deine Füße in deinem Körper emporsteigt.
- Fühle, wie die aufsteigende Energie dich erfrischt und dir neue Kraft für den kommenden Tag schenkt.

Großmutter Spinne

Erdgöttin der amerikanischen Ureinwohner

GABEN
Seherische Kräfte, Visionen, Zuversicht, Einsicht

»DIE FLUCHT ZUM SPINNENFELS«

Großmutter Spinne, zeitlos und voller Erhabenheit, gehört zu den Ältesten der Alten. Haut und Hände sind ausgetrocknet und von Furchen durchzogen wie ihre staubige, felsige Heimat. Das Haar ist schwarz wie die dunkelste Winternacht, die Haut bernsteingolden wie der Sand zu ihren Füßen. Ihre Augen aber sind hell und durchdringend, mit ihnen blickt sie in dein Herz und in deine Zukunft.

Manche sagen, dass sie in einem Erdloch lebt und ihre Netze spinnt, andere halten den Spinnenfels für ihre Heimstatt – einen hoch aufragenden Gipfel und hervorragenden Aussichtspunkt. In den flüsternd am Lagerfeuer erzählten Geschichten heißt es, dass Großmutter Spinne Eindringlinge nicht freundlich empfängt. Der trockene Fels sei mit den weißen Knochen Verstorbener übersät, darunter auch Knochen von Kindern, die sich in Großmutter Spinnes Reich vorwagten. Kein Wunder, dass junge Krieger diesen Gipfel meiden! Wer will schon den Zorn der Erdgöttin auf sich ziehen? Aber manchmal gibt es keinen anderen Ausweg. So ging es einem jungen Mann aus dem Stamm der Dene. In einem unachtsamen Moment, als er sich bei der Jagd an einem See erfrischen wollte, überraschten Feinde ihn. Nun rannte er gefühlt schon meilenweit und suchte dabei hinter Felsen und Büschen Deckung vor den Pfeilen. Es schien ausweglos – die Feinde rochen seine Furcht und wussten, dass er früher oder später ermüden würde.

Der junge Krieger holte alles aus sich heraus, doch seine Glieder wurden müde und sein Mund trocken. Die Mittagsglut brannte ihm den Schweiß von der Haut. Es war nur noch eine Frage der Zeit, wann ein Pfeil ihn treffen oder er vor Erschöpfung zusammenbrechen würde. Er wollte seinen Stamm nicht im Stich lassen, aber was sollte

er tun? Während er immer weiterstolperte, begann er inbrünstig zu den Erdgottheiten um schnelle Erlösung oder Tod zu beten.

Da ragte auf einmal wie ein Sockel ein Fels vor ihm aus der Erde – so hoch, wie der junge Mann noch keinen gesehen hatte. Er fragte sich, ob dies ein zu Stein erstarrter Riese oder eine andere monströse Kreatur war, und blieb abrupt stehen. Es gab keine Möglichkeit, den Felsen zu erklimmen, und hinter sich hörte er das Hufgetrappel der Feinde immer näher kommen. Als ihn schon alle Hoffnung zu verlassen drohte, glitt ein seidener Faden über die Felskante herab. Er glänzte in der Sonne und tanzte verheißungsvoll vor den Augen des jungen Mannes. Auch wenn er viel zu fein für das Gewicht des jungen Kriegers schien, ergriff dieser ihn und stellte fest, dass er stark und biegsam war. Rasch band er ihn um seine Hüften und begann den Felsen zu erklimmen. Der Faden hielt nicht nur, sondern schien ihn sogar aufwärtszuziehen. In atemberaubender Geschwindigkeit erreichte der Krieger den Felsgipfel und fiel kopfüber in etwas, das einem riesigen Adlernest glich. Mit ausgestreckten Händen ertastete er Mulden im Felsen, in denen sich Tau niedergeschlagen hatte – endlich konnte er seinen Durst stillen. Von unten drangen die Rufe seiner Feinde herauf. Sie machten sich daran, den Fels ebenfalls zu erklimmen. Der junge Mann wollte schon seine Flucht fortsetzen, als er eine Stimme vernahm: »Willst du etwa ohne Dank weiterziehen? Ich bin Großmutter Spinne, und dies ist mein Zuhause.«

Der Krieger blickte auf und sah voller Staunen eine alte Frau vor sich, die vor seinen Augen beständig zwischen ihrer menschlichen Erscheinungsform, der Gestalt einer Spinne und der eines Zwitterwesens zu wechseln schien. Die ganze Zeit über lächelte sie ihn an und zeigte sich freundlich. Auf einmal ergab alles einen Sinn: Sein Gebet war erhört worden, und Großmutter Spinne hatte ihm den rettenden Seidenfaden geschickt. Er dankte ihr aus tiefstem Herzen, woraufhin sie ihm von ihrem Leben erzählte und wie sie dabei half, das Schicksal der Stämme zu weben und sie mit Segen zu überschütten. Sie schenkte ihm Weisheit, und als die Zeit gekommen war, ließ sie ihn mithilfe ihres Fadens auf der anderen Seite des Felsens hinab.

Zurück bei seinem Stamm, erzählte der junge Mann von seiner Begegnung mit Großmutter Spinne und wie sie ihm in der Stunde der Not geholfen hatte. Von diesem Tag an betrachteten die Dene Großmutter Spinne nicht mehr als Furcht einflößende, boshafte Alte, sondern als Erdmutter und Stammesfreundin.

AFFIRMATION

»Meine Sicht ist klar, und ich nutze meine Sinne, um die Oberfläche zu durchdringen.«

RITUAL

Großmutter Spinnc ist eine wohlmeinende alte Frau, auch wenn sich manche vor ihr fürchten. Mit Weisheit und Intuition erfasst sie den Kern einer Sache.

In diesem Ritual hilft ein Orakel aus Steinen deiner Intuition auf die Sprünge.

Sammle eine Handvoll glatter Steine, die dir gefallen, und besorge dir einen wasserfesten Stift.

- Reinige und poliere die Steine, sodass eine saubere, glatte Schreibfläche entsteht.
- Überlege dir inspirierende Worte, zum Beispiel »Hoffnung«, »Stärke«, »Freude«, »Klarheit« und so fort.
- Schreibe jedes dieser Worte auf einen Stein und lasse die Farbe an der Sonne trocknen.
- Nutze dieses Orakel jeden Morgen: Nimm die Steine in beide Hände, schließe die Augen und atme tief ein und aus.
- Stelle dir vor, wie die Erdenergie dich durchdringt, und bitte um Weisheit oder Inspiration für den vor dir liegenden Tag.
- Lege die Steine mit geschlossenen Augen vor dir auf den Boden und suche dir mit immer noch geschlossenen Augen einen Stein aus.
- Öffne dann deine Augen und lies das Wort des Tages.

Áine

Keltische Göttin des Sommers und des Wohlstands

GABEN
Respekt, Ehre, Weisheit, Wohlstand

»DAS IST NUR RECHT UND BILLIG«

Es heißt: »Erweise Schönheit und Feenvolk Ehre, auf dass ihr Zauber dich nicht versehre.« Diese Warnung gilt ganz besonders für die keltische Göttin Áine – die Königin des Feenvolks und die Schönste von allen. Sie ist voller Liebe und Sonnenschein. Wenn sie vom Himmel herabstieg, begann die wahre Herrschaft des Sommers und entfaltete sich am Mittsommernachtstag zur vollen Blüte: Am längsten Tag des Jahres sandte Áine ihr strahlendes Licht und Wohlstand aus. Die Menschen dankten ihr von Herzen, denn sie ließ das Korn wachsen – und wenn sich zwei Menschen trafen, so war es Áines sanfter Zauber, der die ersten Funken der Liebe entfachte.

Die Schönheit der Göttin weckte aber auch Begehren: Ihre Augen leuchteten wie die aufgehende Sonne, und ihr Lächeln glich dem schönsten Sommerflor. Wenn sie auch wirkte wie eine zarte Frühlingsknospe, machte sich jeder zum Narren, der ihre Stärke unterschätzte – allein ihre Zugehörigkeit zum Feenvolk hätte auch dem lüsternsten Kerl als Warnung dienen sollen, denn keine Fee lässt sich ungestraft herausfordern.

Wie immer gab es aber auch hier einen, der dachte, diese Regeln gälten nicht für ihn. Er hieß Ailill und war Herrscher über die Provinz Munster. In dieser Position musste er wohl ein gewisses Maß an Einsicht besitzen, er hatte aber auch Schwächen – wie die meisten Menschen. Doch das war nicht sein einziges Problem. Seine Felder waren unfruchtbar, das Gras verdorrte, und das Korn wollte nicht gedeihen. Das Vieh fand kein Futter, und das Volk darbte. Schließlich suchte der König den Rat einer Zauberin. Sie schickte ihn an Halloween nach Knockáiney, wo er die Gottheiten um Hilfe bitten sollte.

Der junge König wusste wenig mit den Göttern anzufangen, doch da er keinen anderen Ausweg sah, folgte er diesem Rat. Vor Ort erfasste ihn plötzlich Müdigkeit, und er fiel in einen tiefen Zauberschlaf. Im Traum erschien ihm Áine in Gestalt einer Fuchsstute, die sich, von einer sanften Brise umweht, in ein junges Mädchen mit rosigen Wangen und einem rosenfarbenen Mantel verwandelte.

Lächelnd sagte sie zu ihm: »Du musst die Felder mit Liebe und Fürsorge bestellen. Ich werde es dich lehren, denn ich bin die Göttin Áine, und das ist meine Gabe.«

Der König jedoch hörte nicht auf sie. Er hatte den Grund seines Kommens vergessen. Gebannt von ihrer Schönheit und voller Begehren zog er sie in seine Arme und drängte sich ihr gegen ihren Willen auf. Blind vor Leidenschaft, vergaß er, wen er vor sich hatte, und als er zur Besinnung kam, war es zu spät.

Áines Rache folgte auf dem Fuß: Sie biss ihm ein Ohr ab und stampfte es in den Boden. Noch während das Blut aus der Wunde rann, erkannte er seine Strafe, denn in Irland galt das Gesetz, dass nur ein Unversehrter König sein durfte.

»Du hast mich verstümmelt!«, rief er verzweifelt. »Jetzt bin ich ein Niemand. Ich habe Krone und Macht verloren. Nichts ist mir geblieben!«

Und Áine antwortete: »Du hast mir nicht zugehört, und du hast es gewagt, mich zu berühren. Deiner Selbstsucht wegen habe ich dich deines Ohres und deiner Herrschaft beraubt. Das ist nur recht und billig.«

Von nun an war Áine nicht nur für ihre Güte bekannt, sondern auch für ihren Vergeltungsdrang. Ihre Bittsteller zollten ihr den gebührenden Respekt und entzündeten ihr zu Ehren in der Mittsommernacht riesige Feuer. Indem sie die Asche auf den Feldern verstreuten, baten sie Áine um Segen und reiche Ernte.

Der entmachtete König trug von Stund an den Namen Aulom, der Einohrige. Seinen Nachkommen gelang es, trotz seiner Untat die mächtige irische Dynastie Eoghanachta zu gründen – doch Áines Geschichte geriet nie in Vergessenheit, und das soll auch so bleiben.

Denn immer noch gilt: »Erweise Schönheit und Feenvolk Ehre, auf dass ihr Zauber dich nicht versehre. Denn wahrlich nach eigenem Schaden trachtet, wer Áines zeitlosen Zauber missachtet.«

AFFIRMATION

»Ich behandele andere mit Respekt und Fürsorge.«

RITUAL

Die stolze Áine wird nicht nur mit Sonne und Mond assoziiert, sondern auch mit unserer Erde. Alle, die der wohlwollenden Göttin Respekt zollen, dürfen großzügige Belohnung erwarten. Áine ist die Göttin des Wohlstands. Sie lässt das Korn wachsen, das uns nährt und uns erhält. Ihre Botschaft lautet: Behandele dich selbst, deine Mitmenschen und die Natur mit Respekt, nur so kann deine wahre Schönheit erstrahlen.

Dieses Ritual beruht auf Sonnenlicht und Feenzauber. Es hilft dir dabei, ein Gefühl des Respekts zu entwickeln – gegenüber dir selbst, gegenüber den Menschen, denen du begegnest, und gegenüber der Welt, die dich umgibt.

- Wenn die Sonne mittags an ihrem höchsten Punkt steht, ist es eine gute Zeit, der Erde Respekt zu zollen und den Naturgeistern ein Opfer darzubringen. Da Áine das Korn wachsen lässt, sind Getreidekörner die perfekte Gabe – zur Freude von Vögeln und anderen Tieren.
- Fülle Getreidekörner in eine Schüssel.
- Verstreue die Körner um die Mittagszeit draußen – zum Beispiel unter einem Baum im Stadtpark oder an einem Gewässer mit Enten und Gänsen.
- Wenn du magst, sprich dabei ein kleines Gebet oder wünsche dir etwas. Danke für das, was du an dir und deinem Leben wertschätzt.
- Danke auch für alles Schöne, das dich umgibt: die Landschaft, die Geschöpfe, die Sonne, die den Himmel erhellt ... Sei dir all dessen bewusst und zeuge allem Respekt.

Coatlicue

Aztekische Muttergöttin

GABEN
Fruchtbarkeit, Erneuerung, Ausgeglichenheit

»DIE SCHLANGENFRAU«

Eine Ewigkeit nistete sie im Schoß der Erde. Nun schlängelt sie sich langsam durch die Risse im Boden empor. Ihre geschmeidigen Bewegungen folgen komplizierten Mustern; in ihrem kurvigen Aufstieg schafft sie immer neue Formen. Eile und Mühsal sind ihr fremd. Ihr Leben ist ein perfekt getakteter, selbstbestimmter Tanz. Sie windet sich um Steinbrocken, schmiegt sich an Felsen, weicht mühelos jedem Hindernis auf ihrem Weg aus. Ohne Gewalt bahnt sie sich ihren Weg. Sie weiß, eine Liebkosung kann so mächtig sein wie ein tödlicher Biss – auch wenn man sich von ihr weder das eine noch das andere wünschen würde. Sie hat ihre Furcht einflößende Schlangengestalt nicht ohne Grund gewählt. Sie verkörpert nicht ihr wahres Wesen, sondern dient als Warnung: Dieses Geschöpf ist wehrhaft.

Ihr Name ist Coatlicue. Sie ist Schlangenfrau und Erdgöttin, Schöpferin und Zerstörerin, die Mutter der Götter und der Sterblichen und vielerlei mehr. Zwei Giftschlangen repräsentieren die beiden Aspekte ihrer Seele. Ihre Zeit ist jetzt. Jahrtausende hat sie darauf gewartet, ihr wahres Ich zu enthüllen, und nun fühlt sie sich dazu bereit, aus den Seiten dieses Buches in deine Welt zu gleiten.

Ihre Dualität macht sie zu etwas Besonderem. Für sie gibt es immer zwei Aspekte – Licht und Schatten, Tag und Nacht, Sommer und Winter ... alles gegensätzliche und doch zusammenwirkende Kräfte. Wenn wir genau hinsehen, bemerken wir, wie ihre Erscheinungsform immer wieder verschwimmt und sich verändert: manchmal Schlange, manchmal Frau mit knöchelumspielendem Gewand. Doch dieses Gewand ist ein Trugbild – es wirkt, als sei es aus silbrigen Wassersträhnen geflochten, doch in Wahrheit besteht es aus Tausenden sich windender

Schlangen. Es ist ein Symbol ihrer Fruchtbarkeit – immerhin hat sie die Erde und alles darauf geboren.

Die Klauen an ihren Fingern und Zehen müssen wir nicht fürchten, sie dienen lediglich dazu, auf ihrer Reise in unserem Unbewussten auch auf rauem Gelände voranzukommen – denn ja, sie ist hier, um in unsere Träume zu treten und uns auf eine Reise mitzunehmen. Coatlicue übernimmt gern die Führung. Sie wird auch »Toci« genannt, was »unsere Großmutter« bedeutet – ein weiterer Aspekt ihrer Persönlichkeit. Doch das heißt nicht, dass sie gebrechlich oder friedfertig wäre, nein, sie ernährt sich von den Körpern der Toten. Das hört sich gruselig an und ganz und gar nicht nach einer freundlichen alten Lady, aber es ist nur ein Sinnbild dafür, dass die Erde sich von Abgestorbenem nährt. Nur so erhält sie die Kraft, stets neu zu wachsen und sich zu entwickeln – einer Schlange ähnlich, die sich immer und immer wieder häutet. So zeigt uns Coatlicue, dass unser Leben aus vielen Toden und Wiedergeburten besteht. Kein Grund für Furcht.

Ihr Halsschmuck aus Herzen, Händen und einem Totenkopf symbolisiert ihre Stärke und ihre Macht über Leben und Tod. Gleichzeitig stehen die Herzen und Hände auch dafür, dass sie die Verstorbenen liebevoll willkommen heißt, wenn diese nach ihrer Zeit auf Erden zu ihr kommen.

Vielleicht fragst du dich, warum Coatlicue auf der Erde herumwandert und uns in unseren Träumen besucht. Vielleicht fürchtest du sogar, dass sie ihren Leib um die Welt und um dein Herz schlingen und dich mitnehmen will. Ist sie vielleicht hier, um dich etwas zu lehren oder dir einen Blick in die Zukunft zu gewähren?

Es ist sehr viel einfacher: Coatlicue ist zuallererst eine Muttergöttin. Ihr Anliegen ist es, ihren Sohn zu finden, den Gott des Krieges. Schon vor langer Zeit hatte sie sein Schicksal vorausgesagt, denn auch Prophezeiung gehört zu ihren Gaben. Sie wusste genau, wann das aztekische Reich untergehen würde. Ob er auf sie hörte oder nicht, ist eine andere Geschichte, aber seitdem ist sie auf der Suche nach ihm.

Wann immer du sie also vor dir siehst – sei es auf den Seiten dieses Buches, beim Einschlafen oder in ihrer Schlangengestalt auf deinem Weg –, dann sei nicht furchtsam, sondern lass ihr Raum, sich zu bewegen. Lass sie sich vor deinen Augen im Tanz wiegen und biegen und an den Ort gelangen, zu dem sie gerufen wird.

Sie ist Coatlicue, die Schlangenfrau. Eine Mutter und Großmutter und – so wie alle Frauen auf dieser Erde – eine schöpferische und lebensspendende Kraft.

AFFIRMATION

»Jeder Atemzug erfüllt meine Seele und schenkt mir neue Kraft.«

RITUAL

Diese Göttin steht für die Fruchtbarkeit und das Prinzip, aus dem Nichts etwas entstehen zu lassen – egal ob es dabei um die menschliche Geburt, neue Ideen oder (in Coatlicues Fall) die Erde geht. Coatlicue ändert ihre Gestalt und regeneriert sich, indem sie die Haut ihrer vorherigen Erscheinungsform abstreift.

Dieses Ritual beruht auf der Symbolik der Schlange. Es hilft dir, dich selbst neu zu erfinden und aus diesem Prozess gestärkt und erneuert hervorzugehen.

- Suche einen Ort, am besten eine Wiese, und lege dich auf den Boden. Atme ein paar Minuten lang tief ein und aus, um Körper und Geist zu entspannen.
- Konzentriere dich auf deine Glieder. Presse sie fest auf den Boden. Vielleicht spürst du das Gras über deine Haut streichen oder den kühlen, feuchten Boden unter dir.
- Presse deinen Körper fest auf die Erde und spüre die Verbindung mit ihr.
- Atme tief ein. Stelle dir beim Ausatmen vor, wie du alles hinausatmest, was dich ängstigt oder ärgert. Seien es Sorgen und Probleme oder sonstige Spannungen, die deinen Körper und deinen Geist belasten.
- Stelle dir beim Einatmen vor, wie du die kräftigende Energie der Erde in dich aufnimmst.
- Atme einige Minuten so weiter.
- Komm dann langsam auf die Füße, so als würdest du aus deiner alten Haut schlüpfen und könntest dich nun erfrischt neu erfinden.

Eostre

Keltische Göttin der Morgendämmerung und des Frühlings

GABEN
Neubeginn, Wachstum, Hoffnung, Kreislauf des Lebens

»DER VOGEL UND DER HASE«

Vor langer, langer Zeit, als die alten Wälder noch die Erde bedeckten, lebte die wunderschöne Göttin Eostre. Ihr Lächeln war wie ein warmer Frühlingstag, und ihr Lachen perlte wie Tautropfen. Wo sie mit ihrem leichten Schritt den Boden berührte, sprossen Wildblumen. In Frühlingsfarben gekleidet, verschmolz sie mit der Natur und war nur schwer zu entdecken. Dennoch war sie immer gegenwärtig. Ihr grasgrünes Gewand wehte wie eine sanfte Brise um sie her, und sie liebte nichts mehr, als der Natur beim Erwachen zuzusehen.

Jeder neue Tag barg für sie die Möglichkeit eines freudigen Neubeginns. Der Kreislauf des Lebens war ihr vertraut, und sie wusste, dass alles seine Zeit hat. Der Frühling kündigte ihr Kommen an, der Sommer ihr Entschwinden, auf den Sommer folgten erst der goldene, stürmische Herbst und dann der raue Winter. Jede Jahreszeit hatte ihre Bedeutung und reichte das Zepter pünktlich an die nächste weiter. Dieser endlose Kreislauf lag der Göttin am Herzen.

Am liebsten hatte sie jedoch den Frühling. Nicht nur, weil er ihre Jahreszeit war, sondern auch, weil er für neues Wachstum stand. Überall entfalteten sich die Blüten und reckten sich den ersten Sonnenstrahlen entgegen, winzige Kostbarkeiten voll bunter Geheimnisse. Das Gras schoss kräftig empor, und an den Bäumen zeigte sich das erste Grün. Für Eostre war der Frühling Vorbote der sommerlichen Fülle, und das fand sie wunderbar und aufregend.

Umso schwerer wurde ihr ums Herz, als sie unter einer mächtigen Eiche einen erfrorenen Singvogel fand. Jetzt war doch nicht die Zeit des Todes, sondern die der Wiedergeburt! Wie jeden Tag war sie durch die Wälder gestreift, hatte ihre Finger über die Rinde der Bäume gleiten lassen, war über Wurzeln gesprungen und schließlich auf die

Lichtung gelangt, auf der die Sonne den Boden am stärksten wärmte.

Dort entdeckte Eostre den Vogel und unterbrach ihren fröhlichen Spaziergang: Das kleine Geschöpf war durch den Frost noch ganz erhalten, seine Brust strahlte noch immer in bunten Farben – doch er atmete nicht, und sein Herz schlug nicht mehr.

Eostre kniete nieder, strich mit der Hand über das feuchte Gefieder und flüsterte: »Du süßer Vogel, das habe ich mir nicht für dich gewünscht.«

Sie barg das leblose Tier in ihrer Hand, und auch wenn sie es nicht mehr zum Leben erwecken konnte, so konnte sie es doch verwandeln. Darum ging es schließlich im Frühling: um Übergang, Wandel und Neubeginn. Also sprach sie: »Kleiner Vogel, kalt und tot, ach, wie rührt mich deine Not. Etwas Neues sollst du werden, leb als Hase hier auf Erden.«

Während sie sprach, begann es um den Vogel herum zu leuchten. Seine Gestalt verwandelte sich: Das winzige Wesen wurde größer und kräftiger, sein Gefieder wurde zum Fell und seine Ohren lang und spitz. Doch seine Augen leuchteten weiter hell, denn er vereinte die Eigenschaften eines Vogels mit denen eines Hasen.

Nach seiner Verwandlung setzte sich der Hase vor die Göttin und sprach in Gedanken mit ihr – wie fast alle Tiere es zu tun pflegen: »Herrin, wie kann ich dir für mein neues Leben danken?«

Eostre antwortete: »Mein Kleiner, das ist ein Geschenk. Du schuldest mir keinen Dank.«

»Dann schulde ich dir zumindest ein Geschenk«, erwiderte der Hase. »Etwas, das an diesen Freudentag erinnert und zu dieser Jahreszeit passt.« Und vor den Augen der Göttin legte er, der immer noch die Erinnerung an sein Vogelleben in sich trug, bunt leuchtende Eier.

Noch nie zuvor hatte Eostre etwas so Zauberhaftes gesehen. Sie hüpfte vor Freude über das glitzernde Geschenk, das vor ihr lag.

»Die gehören dir«, erklärte der Hase. »Es sind Eostres Eier, sie sollen immer deinen Namen tragen.«

Die Göttin lächelte. »Das ist ein wunderbares Geschenk. Ich danke dir.«

Tatsächlich freute sie sich so, dass sie die Eier zu einer Tradition machte, die bis heute besteht: Jedes Jahr im Frühling, wenn Eostre auf die Erde kommt und zwischen den hohen Bäumen und den blühenden Wiesen umherstreift, bringt sie bunte Eier mit – als Geschenk des Hasen und als Symbol der Erneuerung. Und wenn die nächste Jahreszeit beginnt, verschwindet Eostre wieder, und der Kreislauf des Jahres schreitet fort.

AFFIRMATION

»Jeder neue Lebenszyklus birgt Hoffnung und Abenteuer.«

RITUAL

Eostre steht für Neubeginn und Wachstum. Sie ist Teil des Lebenszyklus und weiß, dass alles im Fluss ist und seinen Regeln folgt. Mit offenem Geist und Herzen heißt sie jedwedes Schicksal willkommen und zeigt uns, wie wir jeder Lebenssituation neues Leben einhauchen können.

Dieses Ritual beruht auf der kräftigenden Energie der Erde und soll dich mit Hoffnung und Begeisterung erfüllen.

- Suche eine Wiese, ein Feld oder einen anderen Ort, an dem du dich entspannt setzen kannst.
- Wähle dafür, wenn möglich, die frühen Morgenstunden, wenn alles noch frisch und das Gras feucht ist. Nimm eine Decke zum Sitzen mit.
- Strecke deine Beine vor dir aus und lege deine Hände mit den Handflächen nach unten rechts und links neben dich ins Gras.
- Schließe die Augen und spüre, wie die erfrischende Energie der Wiese dich erfüllt.
- Atme tief ein und stelle dir beim Ausatmen vor, wie dein Atem durch deine Arme und Handflächen ins Gras fließt.
- Stelle dir vor, wie ein bunter Blumenteppich aus dem Boden sprießt und die Blüten sich über die ganze Wiese verbreiten, während sich deine Energie mit der Energie der Erde verbindet.
- Atme ein paar Minuten so weiter und konzentriere dich dabei auf deinen Atem und die Erde unter dir.

Guan Yin

Buddhistische Göttin des Mitgefühls und der Gnade

GABEN

Mitgefühl, Einfühlsamkeit, Freundlichkeit, Fülle

»SIE HÖRT UND SIEHT DAS LEID DIESER WELT.«

Vor langer Zeit lebte in China eine Frau, die so fromm in Glauben und Tat war, dass sie keine menschlichen Begehrlichkeiten spürte. Ihr Lächeln war frei von Neid und ihre Haltung bar jeder Boshaftigkeit. Mit offenem Herzen und voller Freude wanderte sie umher und half anderen. Nichts war ihr zu viel, denn die Welt um sie herum lag ihr wahrhaftig am Herzen.

Sie lebte nach den buddhistischen Lehren, sprach jeden Tag ihre Mantras und meditierte. Vor allem aber besaß sie ein tiefgehendes spirituelles Verständnis, das sie mit anderen teilen wollte. Freunde und Nachbarn strebten nach Ruhm und versuchten einander mit ihrem Reichtum zu übertrumpfen, doch für diese Frau hatte all das keinerlei Bedeutung. Ihr war es wichtiger, ein guter Mensch zu sein, sich um die Seelen anderer zu kümmern und ein einfaches Leben zu führen. Dies tat sie bis zu ihrem Tod.

Doch damit war ihre Geschichte nicht zu Ende: Aufgrund ihrer spirituellen Erkenntnisse und ihres aufopferungsvollen Erdenlebens erhielt sie die Erlaubnis, ins Nirwana einzutretren. Eine Segnung, die denen vorbehalten ist, die auf Erden unermessliche Liebe gezeigt haben. Das Nirwana ist die höchste Stufe des Wohlbefindens, ein Ort ohne irdisches Leid, an dem die Seele in endlose Glückseligkeit eintaucht. Es ist das Ziel aller Buddhisten, und es zu erreichen stellt eine große Ehre dar.

Als die Seele der Frau vor dem Licht des Nirwana schwebte, kurz davor, von jeglichem Leid befreit zu werden, hörte sie Buddhas Stimme: »Für dich ist es nun an der Zeit, in den reinsten Zustand der Erleuchtung zu treten. Komm ...«

Seine Worte waren sanft und zart, wie Lotusblüten, und die Frau spürte, wie ihr federleichter, leuchtender

Geist immer näher auf den himmlischen Lichtstrudel zutrieb.

Doch auf einmal hörte sie noch etwas anderes – kaum wahrnehmbar zunächst, aber dann, als sie sich darauf konzentrierte, immer lauter und lauter, bis es zu einem Chor angstvoller Stimmen anschwoll.

Als sie mit ihrem ganzen Wesen lauschte, hörte sie das Leid und den Schmerz in diesen Stimmen; eine alles verschluckende Dunkelheit zog auf, und in diesem Moment wusste die Frau, dass sie der Welt und allem Lebenden nicht einfach den Rücken kehren konnte. Ja, sie hatte sich den Frieden Nirwanas verdient, doch die Rufe berührten ihr Herz. Mit allem, was von ihrer Seele noch übrig war, stemmte sie sich nun gegen den Strom, der sie zum Äther zog. Vom Himmel herab breitete sie ihre Arme für all die aus, die in der Welt litten, und sprach: »Solange diese Leidensrufe ertönen, erfüllt mich die Sehnsucht, zu helfen. Ich werde bleiben und alles tun, um das Leid zu lindern. Das ist meine Berufung.«

Einen Moment schien es, als stünde die Welt still. Wie konnte jemand ewige Glückseligkeit ausschlagen, um an einen Ort des Schmerzes zurückzukehren? Wer außer Guan Yin, »welche die Töne der Welt wahrnimmt« und so viel Mitgefühl und Verständnis besitzt?

Manche sahen sie in ihrer tausendarmigen Erscheinungsform – denn ihre Arme zerfaserten beim Versuch, den überwältigend vielen Menschen in Not zu helfen, deswegen schenkte Buddha ihr 1000 Arme, damit sie so viele Seelen wie möglich trösten konnte.

Mit einem Wasserkrug in einer und einem Weidenzweig in einer anderen Hand besprengt sie ihre Anhänger mit dem Nektar des Lebens, bis diese voller Liebe sind. Sie hat die Weide als Symbol gewählt, da deren Stärke nicht gebrochen werden kann und sie angesichts von Widrigkeiten beweglich bleibt, und hat es sich zur Aufgabe gemacht, Schmerzen zu lindern.

Ihre Entscheidung machte sie zu einer Gottheit für diejenigen, die in Not sind. Sie ist nicht ins Nirwana eingegangen, doch in Herz und Geist der Menschen, für die sie so viel Mitgefühl empfand, hat sie Unsterblichkeit erlangt. Sie wurde Guan Yin, die Göttin des Mitgefühls und der Gnade.

AFFIRMATION

»Ich behandle jeden, der mir begegnet, mitfühlend und einfühlsam.«

RITUAL

Selbstlos stellt Guan Yin die Bedürfnisse anderer über die ihren. Ihr starkes Mitgefühl lässt sie die Schmerzen anderer selbst empfinden – so kann sie sich mit ihren Schützlingen identifizieren, mit ihnen in Verbindung treten und sie trösten.

Sie ermutigt uns dazu, uns auf gleiche Weise mit anderen zu verbinden.

Dieses Ritual beruht auf dem Herzchakra. Es fördert Mitgefühl und die Fähigkeit, liebevolle Energie an Menschen in Not zu senden.

Für das Ritual benötigst du ein Stück Rosenquarz, ein Kissen und einen gemütlichen, ungestörten Ort.

- Lege deinen Kopf auf das Kissen und den Rosenquarz auf das Herzchakra (es befindet sich mitten auf deiner Brust und leitet die Energie, die aus deinem Herzen strömt). Der freundliche Rosenquarz stärkt das Mitgefühl und kann dir dabei helfen, dich anderen zu öffnen.
- Lege die Arme seitwärts an den Körper und atme tief ein. Stelle dir vor, dass du Energie in Form von rosarotem Licht aus dem Stein ziehst, das in deine Brust eindringt und dich mit Wärme durchflutet.
- Stelle dir beim Ausatmen vor, wie du diese liebevolle Energie aussendest und den Raum um dich herum damit füllst.
- Nimm dir Zeit und wiederhole diesen Zyklus des Einatmens, Visualisierens, Ausatmens und Entsendens der liebevollen rosa Energie.
- Übe diese Atemtechnik fünf Minuten lang. Nimm dann den Stein von der Brust und behalte ihn bei dir, damit er dich daran erinnert, mit offenem Herzen auf andere zuzugehen und dich mit ihnen zu verbinden.

Hathor

Ägyptische Göttin der Frauen, der Fruchtbarkeit und der Freude

GABEN

Mutterschaft, Fruchtbarkeit, Dankbarkeit, die Künste

»MUTTERLIEBE«

Zu jeder Zeit und in jeder Kultur gibt es Menschen, die leiden, und Menschen, denen es gut geht. So auch im alten Ägypten. Die Reichen saßen auf ihren kunstvoll verzierten Thronen, die Armen liefen barfuß durch staubige Straßen und beteten zu ihren Götzen, von denen sie sich eine Wendung ihres Schicksals erhofften.

Die meisten der ägyptischen Göttinnen und Götter hatten einen bestimmten Aufgabenbereich und kümmerten sich um nichts, was darüber hinausging. Außerhalb ihres Bereichs hätten sie ohnehin nichts bewirken können, und es war schon freundlich, wenn sie ihre eigentlichen Aufgaben erfüllten – schließlich konnte niemand sie dazu zwingen, den Menschen zu helfen, und manchmal fanden sie es auch sehr viel befriedigender, die Menschen ihre Angelegenheiten selbst regeln zu lassen.

Eine Gottheit bildete jedoch eine Ausnahme: Hathor, die Muttergöttin.

Die Menschen kamen mit allen Anliegen zu ihr, weswegen andere Götter sie als »Allzweckgöttin« verspotteten, die auf keinem Gebiet wirklich Expertin war.

Hathor machte sich nichts aus diesem Spott. Sie liebte die Menschen wie eine Mutter ihre Kinder. Die anderen Götter konnten nicht verstehen, warum es ihr so am Herzen lag, den Menschen Freude zu bringen und sie zu umsorgen. Sie war die Mutter des Sonnengottes Ra, mit dem sie jeden Tag über den Himmel zog, und konnte genau sehen, was auf der Erde geschah. Wie jede Mutter machte sie sich Sorgen um ihre Kinder und wollte, dass sie glücklich waren und alles hatten, was sie brauchen. Wenn die in Lumpen gekleideten Menschen sie um Hilfe baten, dann half sie. Frischvermählte baten Hathor um Fruchtbarkeit – und auch das Wehgeschrei der Gebärenden richtete sich

an die Göttin, die ihnen den Schweiß von der Stirn wischte und sie tröstete. Wenn Böses über die Erde kam, vertrieb sie es mit der Kraft der Musik. Sie lief mit ihrer Rassel durch die Straßen und bewirkte allein durch ihre Musik und ihren Tanz, dass wieder Güte einzog.

Doch keine Mutter kann sich um Tausende von Kindern gleichzeitig kümmern. So kam es, dass manche sich fragten, ob ihre Gebete je erhört würden. Vielleicht wurde sie deshalb zur Königin des Himmels und zur Mutter aller Götter und Göttinnen erklärt, die einige von Hathors umfangreichen Aufgaben übernahmen. Denn auch die Allermächtigsten brauchen hin und wieder eine helfende Hand, selbst die beste Mutter der Welt wird Probleme mit ihren Kindern haben.

Hathor (auch als Auge des Ra bezeichnet) wird mit einer roten Sonnenscheibe über ihrem Haupt dargestellt. Sie hat die Macht, die Welt mit einem Wink zu zerstören, und hätte undankbare Seelen, die nichts kennen als Klagen und Beschwerden, einfach niederstrecken können. Stattdessen nahm sie die Gestalt einer weißen Kuh an und suchte diese Menschen auf.

Zwischen den Hörnern trug sie einen Korb mit Essen, den sie vor der murrenden Meute absetzte. Dann sah sie den Menschen stumm beim Essen zu und ähnelte dabei in keiner Weise der goldenen Göttin der Mythen und Legenden. Doch die Menschen, die sie verehrten, erkannten Hathors liebende und großzügige Natur, errichteten ihr Tempel und priesen ihre Taten.

Diese Dankbarkeit rührte Hathor, und je mehr Dank die Menschen ihr entgegenbrachten, umso reicher beschenkte sie sie mit Gaben und Segen. So lernten die Menschen, dass wahre Dankbarkeit der einzige Weg zu wahrer Freude ist.

Hathor war schon lange nicht mehr eine einzige Göttin, sondern wurde zu den Sieben Hathors. Bei jeder Geburt war sie gegenwärtig und bestimmte das Schicksal des Neugeborenen. Manchmal wird sie als Frau mit Kuhkopf beschrieben, manchmal heißt es, sie habe lediglich die Ohren oder Hörner einer Kuh.

Manchen erschien sie sogar in vollständiger Kuhgestalt mit mondhellem Fell, anderen als eine von Sternen umkränzte Frau. Von den vielen Formen und Aufgaben, die diese Göttin hatte, war jedoch die Mutterschaft die wichtigste. Ihre Mutterliebe machte sie zur Königin des Himmels.

AFFIRMATION

»Ich stärke mich und andere durch Fürsorge und Dankbarkeit.«

RITUAL

Mit ihren zahlreichen Aufgaben war Hathor immer gut beschäftigt, aber sie erledigte alles rasch und voller Freude. Die fürsorgliche Göttin wollte für alle das Beste, und wusste, indem sie anderen gab, gewann sie auch selbst. Ihr Vorbild lehrt uns, dass wir mit anderen teilen müssen, wenn wir wahre Freude und Fülle erfahren wollen.

Dieses Ritual beruht darauf, anderen zu helfen. Es gibt dir das Gefühl, eine Aufgabe im Leben zu haben und dich gleichzeitig als Umsorgende und Umsorgte zu erfahren.

- Lege dir ein Notizbuch für Ideen zu, die dir helfen, dich umsorgt zu fühlen und Liebe zu verbreiten.
- Dieses Notizbuch muss dir wirklich gefallen. Gönne dir ruhig ein ganz besonderes – oder ein ganz schlichtes, das du auf den Außenseiten selbst mit Bildern oder Zitaten verzierst.
- Beginne mit einer Liste von Dingen, die dir das Gefühl geben, umsorgt zu sein – zum Beispiel Zeit in der Natur, Meditation, Übungen und so fort.
- Danach kannst du auflisten, wie du anderen das Gefühl vermitteln kannst, umsorgt zu sein – zum Beispiel eine Umarmung, eine liebevoll zubereitete Mahlzeit, aufmunternde Worte etc.
- Mache es dir zur wöchentlichen Routine, ein oder zwei der Ideen auf den beiden Listen umzusetzen.
- Immer wenn du einen Punkt umgesetzt hast, schreibe in dein Notizbuch, wie sich das angefühlt hat und welche Rückmeldung von anderen du bekommen hast.
- Setze die Ideen auf der Liste nach und nach um und füge regelmäßig neue hinzu. Denke darüber nach, welche Erfahrungen und Gefühle du dadurch gewinnst.

Idun

Nordische Frühlingsgöttin

GABEN
Verjüngung, Jugend, Fruchtbarkeit, Wachstum

»DIE ÄPFEL DER UNSTERBLICHKEIT«

Es war einmal eine junge Göttin namens Idun, die auch als »die Verjüngende« bekannt war. Sie lebte mit ihrem Ehemann, dem Dichter Bragi, im nordischen Asgard, wo er die Götter in der Großen Halle unterhielt. Idun begleitete ihn bei seinen Rezitationen. Sie sprühte derart vor Leben und Freundlichkeit, dass viele nach dem Geheimnis ihrer andauernden Jugend fragten. Ihre Antwort bestand jedes Mal in einem scheuen Lächeln und einem Augenaufschlag, doch schließlich teilte Idun das Geheimnis der Unsterblichkeit mit den anderen Gottheiten – auch wenn niemand erfuhr, wie sie an diese wertvollen Kenntnisse gelangt war.

Idun war die Hüterin der Äpfel der Unsterblichkeit. Schon ein einziger Bissen der süßen, reifen Früchte schenkte Jugend, weshalb sie bei den anderen Gottheiten ausgesprochen beliebt war. Beim ersten Zeichen einer Alterung riefen sie nach Idun und den Äpfeln – und kaum hatten sie einen Bissen davon genommen, verschwanden alle Falten ebenso wie altersbedingte Schmerzen und Wehwehchen.

Die meisten waren Idun dafür dankbar und freuten sich – aber manchen missfiel dieses Arrangement. Eines Tages geriet der tückische Gott Loki in Streit mit dem Riesen Thjazi. Um dem Tod zu entgehen, bot Loki ihm einen Handel an: Er würde Idun samt ihren Äpfeln aus Asgard entführen und dem Riesen bringen. Thjazi war sofort einverstanden, denn heimlich hatte er die Göttin und ihre Zauberfrüchte schon seit Langem begehrt.

Eines Tages ging Loki auf Idun zu und sagte: »Liebliche Idun, ich kenne einen Hain, in dem kostbare, seltene Früchte wachsen, die deinen Äpfeln gleichkommen. Soll ich dir den Weg dorthin zeigen?«

Die Göttin stimmte begeistert zu, ohne Lokis Falle zu erahnen. In dem Hain erwartete Thjazi die beiden in der Gestalt eines riesigen Adlers. Er ergriff die Göttin mit seinen Klauen und trug sie in sein hoch in den Bergen gelegenes Reich Jotunheim.

Iduns Schicksal schien damit besiegelt zu sein, und als die anderen Gottheiten davon hörten, waren sie entsetzt. Langsam und unaufhaltsam begannen sie zu altern, mit der Zeit schien dieser Prozess sich sogar zu beschleunigen, wie bei einer Lawine, die zunehmend an Fahrt aufnimmt. Während ihre Wangen einfielen, ihr Gang unsicher und ihr Gesicht faltig wurde, verloren die Götter auch zunehmend an Zauberkraft, und es gab nichts, was sie dagegen tun konnten.

Sie versammelten sich und überlegten, wer Idun zuletzt gesehen hatte. Schnell kam heraus, dass es Loki gewesen war – und da alle sein selbstsüchtiges und wenig vertrauenswürdiges Wesen kannten, begannen sie ihn zu befragen. Nach langem Hin und Her gab Loki seinen Verrat schließlich zu und meinte: »Ich kann sie zurückholen, wenn ihr mir Freyas Mantel aus Falkenfedern gebt. Dann kann ich nach Jotunheim fliegen und ihr zur Flucht verhelfen.«

Die Götter vertrauten ihm so wenig, wie sie ihn leiden konnten, doch sie hatten keine Wahl: Ihre Alterung schritt unbarmherzig voran, und keiner von ihnen hatte die Kraft, Idun selbst zu retten.

So flog Loki also in Freyas Mantel in Gestalt eines Falken zu Thjazis Halle, wo er die weinende Idun allein vorfand. Er verwandelte sie in eine Nuss und machte sich mit ihr auf den Rückflug. Der Riese Thjazi folgte Loki in seiner Adlergestalt, doch die Götter waren vorbereitet und hatten ein großes Feuer entfacht, dessen Flammen bis in den Himmel loderten. Der schlaue Loki konnte der sengenden Hitze entkommen, doch Thjazi wurden die Flammen zum Verhängnis.

Für die Asen bedeutete dies ein glückliches Ende: Loki brachte Idun zurück nach Asgard in die Arme des Dichters Bragi. Der Frühling war zurückgekehrt, und die Kraft von Iduns Früchten verwandelte jede Gottheit in einen Ausbund von Jugend. Neue Schösslinge sprossen hervor, und die Erde wurde von Grün überflutet. Wie die Bäume, so erblühten auch die Götter, und Idun trug weiterhin die Beinamen »die Junge«, »die Verjüngende« und »Hüterin der Äpfel der Unsterblichkeit«.

AFFIRMATION

»Mein Geist bleibt jung, wenn ich jeden Tag Anlass zur Freude finde.«

RITUAL

Idun steckt voll jugendlicher Verheißung und Optimismus. Sie schenkt uns die Möglichkeit, Körper und Seele zu erneuern und uns jung zu halten – mit der Kraft der Natur und Arbeit, die wir lieben.

Dieses Ritual beruht auf deiner sinnlichen Wahrnehmung und der Landschaft, die dich umgibt. Danach fühlst du dich jünger und verbreitest Frühlingslaune.

Unternimm einen Spaziergang im Park, durch Wiesen oder im Garten und lass deine Gedanken wandern. Auch das kleinste Stück Natur kann deine Sinne erfreuen und dich stärken.

- Nimm die Umgebung beim Gehen und Verweilen nach und nach mit allen Sinnen wahr.
- Beginne mit dem, was du siehst. Zum Beispiel mit einer schönen Blume. Betrachte jedes Detail und genieße ihre Form und Gestalt.
- Lausche dann auf all die unterschiedlichen Laute um dich herum und auf die natürliche Symphonie, die durch sie entsteht. Genieße diese Komposition.
- Atme tief ein und nimm bewusst die Düfte um dich herum wahr.
- Atme bis tief in den Bauch hinein. Schmecke die Luft, die du einatmest.
- Nimm schließlich wahr, was du spürst: Vielleicht feine Regentropfen auf der Haut? Oder wärmende Sonnenstrahlen? Wo empfindest du die Wärme am stärksten?
- Fasse alle diese Wahrnehmungen in einem Wort zusammen; das Gefühl, das sie bei dir auslösen, soll den ganzen Tag dein Begleiter sein.

2 Himmel, Luft und der Wind der Veränderung

Die Göttinnen im folgenden Kapitel sind wie ein Lufthauch, federleicht und zuweilen unsichtbar. Manche wirken wie ätherische Traumgespinste, andere treten mit Donnergetöse in Erscheinung, bahnen sich ihren Weg am Himmel und fegen dich wie ein heftiger Windstoß zur Seite. Sie sind Vorboten der Veränderungen, die dein Leben von einem Moment auf den anderen auf den Kopf stellen können. Aber keine Angst! Wie das zarte Flüstern der Inspiration in unserem Geist helfen auch sie uns, mit den Unwägbarkeiten des Lebens umzugehen.

Nicht alle Luftgottheiten sind dem Himmel, den Sternen oder dem Wetter verbunden, sondern ganz anderen Aspekten der Luft. Vor allem der Sauerstoff beflügelt Geist, Seele und Vorstellungskraft, schenkt uns auf den letzten Metern Kraft, selbst wenn wir schon längst aufgeben wollen, und bringt Wandel und Neubeginn.

Wende dich an diese Gottheiten, wenn du eine Wendung deines Schicksals wünschst. Sie sind schwer greifbar, doch stets gegenwärtig und geben uns ebenso Kraft wie die Luft, die wir atmen.

Nut

Ägyptische Himmelsgöttin

GABEN
Wiedergeburt, Geduld, Offenheit, Schöpfungskraft

»WO ERDE UND HIMMEL AUFEINANDERTREFFEN«

Nimm dir einen Moment Zeit, atme tief ein und blicke hinauf zu der unermesslichen Schönheit über uns. Lass deinen Blick entspannt auf dem Himmel ruhen. Er scheint bewegungslos zu sein, doch seine Farben befinden sich in stetem Wandel. Wolken ziehen vorbei, wir folgen ihnen in unserer Fantasie. Die Zeit vergeht.

Seit der Himmel sich über die Erde wölbt, ist er in ständiger Bewegung. Wir nehmen es nur deswegen nicht wahr, weil er im Laufe der Jahrmillionen eine perfekte Illusion geschaffen hat.

In der ägyptischen Mythologie ist der Himmel die Göttin Nut, die sich vergeblich danach sehnt, in die Arme ihrer wahren Liebe – des Erdgottes Geb – zu sinken. Statt über diese Unmöglichkeit zu klagen, agiert sie beharrlich und klug und steht zu dem, was sie ist.

Nut wurde geboren, als die Welt noch weniger war als ein Gedanke, nichts als der Funke einer Idee im Herzen des Universums. Sie war die Tochter des großen Luftgottes Shu und seiner liebenden Ehefrau Tefnut, der Göttin der Hitze und Feuchtigkeit. So begann Nuts bewegtes Schicksal. Von ihrem ersten Atemzug an wurde erwartet, dass sie ihre Aufgabe erfüllen und als ewiges, gebendes Geschöpf den Himmel formen würde, während ihr Bruder Geb die Erde unter ihren Füßen werden sollte.

Voller Pflichtbewusstsein erfüllte Nut ihre Aufgabe vorbildlich. Tag und Nacht beugte sie sich schützend über ihren Bruder, den Erdgott Geb, der mit jedem Tag an Größe, Stärke und Macht gewann. Auch Nuts Liebe zu ihm wuchs mit jedem Tag und durchdrang ihr Herz. Wie hätte sie ihn nicht lieben können? Jede Minute des Tages verbrachte sie damit, ihm in die Augen zu sehen.

Wie es unter Gottheiten oft geschieht, wandelte sich ihre Beziehung, und sie wurden zu einem unzertrennlichen Paar. In ihrer Liebe verschmolzen Himmel und Erde miteinander, doch dies entsprach nicht Shus Absichten. Wutentbrannt warf er sich zwischen sie und zerrte sie auseinander.

»Ihr wart nicht füreinander bestimmt. Euer Verhalten verletzt meine Regeln!«, rief er, und dabei quoll Luft aus seinem Mund und trennte die Liebenden.

Immer weiter drängte der Himmelsvater Nut von Geb fort, bis sie ihren Geliebten nur noch aus der Ferne zwischen Wolkenfetzen und Sonnenstrahlen erkennen konnte.

Auch Gebs Herz war gebrochen. Wie sollte er ohne seine wundervolle Frau leben? Doch es gab nichts, was er hätte tun können. In Nuts Schoß war aber bereits neues Leben entstanden: Zahllose Sterne und Planeten, die den Himmel erleuchteten und Nut in ihren dunklen Stunden Gesellschaft leisteten.

Nut wusste, dass ihr Vater Shu mit der Zeit Nachsicht zeigen und sich die Luft zwischen ihr und Geb wieder mit Leidenschaft füllen würde. Also bewegte sie sich jeden Morgen in einem langsamen, anmutigen Tanz auf die Erde zu. Dabei war sie so achtsam, dass niemand es bemerkte. Niemand erkannte, dass die Sonne zu verblassen begann und sich die Nacht wie ein schweres Laken auf die Erde herabsenkte, bis es zu spät war. Schon war Nut wieder mit ihrem Liebsten vereint, wenn auch nur für kurze Zeit.

Währenddessen bewachten ihre Kinder – die Sterne und der Mond – die Erde. Am Morgen zog sich Nut unbemerkt wieder zurück, und ein neuer Tag begann. So entstand der Wechsel von Tag und Nacht, von Sonne und Mond, endlos wie die Liebe von Nut und Geb.

Blicke nun also in den Himmel und schau, ob du Nut entdecken kannst. Egal wie genau du hinsiehst – du wirst keine Bewegung wahrnehmen. Vielleicht erkennst du ein Flimmern oder Schwanken, und ganz sicher wird dir Nuts überwältigende Schönheit den Atem rauben, aber du wirst nicht sehen, wie sie allmählich herabsinkt.

Ohne dass du es merkst, wird die Nacht hereinbrechen. Dann liegt Nut in Gebs Armen, wie es von Anbeginn der Welt hatte sein sollen.

AFFIRMATION

»Ich beuge mich, ich atme, ich entspanne mich.«

RITUAL

Die geduldige Nut weiß: Alles hat seine Zeit, und jedes Ende ist auch ein Neubeginn. Jeden neuen Tag kannst du großartige Dinge schaffen, auch wenn wir an einem Tag Höhenflüge erleben und der nächste uns vielleicht wieder auf die Erde zurückbringt.

Dieses Ritual beruht auf dem Element Luft und einfachen Bewegungen. Es hilft dir, in Fluss zu kommen. Außerdem entwickelst du Geduld und Beweglichkeit für deinen Weg durch Höhen und Tiefen. Vollziehe das Ritual, wenn möglich, mit Blick auf den Himmel.

- Stelle die Füße hüftweit auseinander, nimm die Schultern zurück, hebe dein Kinn und strecke dein Rückgrat.
- Atme lang und tief in die Brust ein. Hebe beim Ausatmen die Arme über deinen Kopf.
- Spüre, wie die Luft um dich herum dich bei jeder Bewegung unterstützt.
- Mache mit deinem rechten Bein einen Ausfallschritt und halte das Knie gebeugt. Atme ein und schwinge deine Arme beim Ausatmen nach unten.
- Spüre dabei wieder bewusst die Luft auf deiner Haut, die jede deiner Bewegungen unterstützt.
- Wiederhole dies nun mit dem linken Bein – stelle es parallel zu deinem rechten Bein und wippe leicht auf und ab. Atme tief ein und strecke deine Beine dann wieder.
- Drehe deinen Oberkörper beim Ausatmen aus der Hüfte heraus erst nach rechts und dann nach links. Lass die Arme locker herabhängen und atme weiter tief ein und aus.
- Genieße die Beweglichkeit, mit der du deine Gliedmaßen durch die Luft schwingst.
- Beende das Ritual mit den Worten: »Ich bewege mich mit Leichtigkeit und bin im Fluss.«

Juno

Römische Göttin der Ehe und Beschützerin des Staates

GABEN

Anstand, Loyalität, Wahrheit, innere Stärke

»WIE DER PFAU ZU SEINEN FEDERN KAM«

Einst lebte im römischen Pantheon eine Muttergöttin, die von allen geliebt wurde, außer von ihrem Ehemann, dem Gott Jupiter. Ihr Name war Juno. Sie war die Erste unter den Frauen, die Mutter aller und wurde auch »Lichtbringerin« genannt. Weitere Beinamen waren Juno Sospita, Retterin der Menschheit (wie die Armen und Bedürftigen sie nannten, denen sie half), oder Juno Moneta (nachdem eine Münzprägestätte neben ihrem Tempel errichtet wurde und sie den Geldstücken ihren Namen lieh). Außerdem trug sie als Herrscherin des römischen Pantheons und des Römischen Reichs den Beinamen Juno Regina (Königin Juno).

Ihren Anhängern gegenüber war sie großherzig, widmete ihnen Zeit und Kraft, doch Vorsicht: Sie war auch streng und eifersüchtig. Ihre schmerzvollste Rolle war jedoch die der Ehefrau des wankelmütigen, von Lüsten getriebenen Jupiters. Dennoch war Juno eine pflichtbewusste Gattin, die oft in ehelichen Nöten angerufen wurde oder von jungen Bräuten, die sich ein Kind ersehnten.

Während Juno anderen half, war sie innerlich aufgewühlt. Wie schwer war es für sie, ihre würdige Haltung zu wahren, während ihr Ehemann sie so respektlos behandelte! Die Gefühle dieser Mondgöttin auf ihrem sternenumkränzten Thron wogten wie die Gezeiten auf und ab.

Juno wusste: Wenn sie sich selbst treu bleiben wollte, dann musste sie Mut fassen und Jupiter für seine Eroberungen zur Rechenschaft ziehen. Auch wenn es ihr schwerfiel (denn sie liebte ihren Gatten von ganzem Herzen), würde sie aufstehen und ihr Revier verteidigen. Immerhin war sie eine starke und mächtige Frau, deren Taten für sich sprachen, und so verbrachte sie viel Zeit damit, ihrem treulosen Mann auf die Schliche zu kommen.

Die bedeutendste seiner zahlreichen Liebschaften war die mit der Priesterin Io. Zunächst widerstand Io Jupiters Werben, doch schließlich gab sie seinem ständigen Buhlen nach. Als Juno das herausfand, war sie wild entschlossen, beide – Gott und Priesterin – zu bestrafen. Dank seiner zahlreichen Späher erfuhr der mächtige Jupiter von diesem Plan und verwandelte seine Geliebte zu deren Schutz in eine junge Kuh.

Daraufhin bat Juno den hundertäugigen Argus um Hilfe: Er sollte Io mit seinen zahllosen Augen überwachen, damit Juno jederzeit wusste, wo Io sich aufhielt und wann die Liebenden sich zum Stelldichein trafen. Der hässliche Argus war nur allzu bereit, Juno zu Diensten zu stehen. Leider war der weichherzigen Göttin nicht bewusst, dass sie damit sein Schicksal besiegelte. Der schlaue Jupiter schien Argus immer einen Schritt voraus zu sein. Er entsandte den Gott Merkur, der den Hundertäugigen in den Schlaf sinken ließ und dann erschlug.

Die großherzige Juno war erschüttert und fühlte sich für Argus' Tod verantwortlich. Die »Bringerin des Lichts« blickte auf Argus' gebrochenen Körper und seine wunderschönen, leblosen Augen. Das brachte sie auf eine Idee: Seine Treue sollte ein Denkmal erhalten.

Sie kniete vor ihm nieder, legte ihre Hand auf seinen Kopf und flüsterte: »Mein treuer Argus, als du lebtest, nannten sie dich ein Monster, aber als Dank für alles, was du für mich getan hast, werde ich eine wunderschöne Erinnerung an dich schaffen!«

Vorsichtig, damit die lebhaften Farben keinen Schaden nähmen, sammelte sie die hundert Augen des Monsters ein, nahm all ihre Kräfte zusammen, warf die Augen in den Äther und wünschte sich im Stillen, dass diese in der Welt ihren rechten Platz fänden. Daraufhin fielen die Augen auf die Schwanzfedern eines Pfaus, der damals zu den angesehensten Vögeln gehörte. Jedes Mal, wenn der Pfau nun sein prächtiges Rad schlägt, erinnern die strahlenden Augen auf seinem Gefieder an Argus und die Macht und Herrschaft Junos.

Die Affären ihres Gatten fanden kein Ende, doch für die Römer blieb Juno die für ihre innere Stärke und unbeugsame Wahrheitsliebe bekannte Herrscherin.

AFFIRMATION

»Meine innere Stärke besteht in der Ehrlichkeit mir und anderen gegenüber.«

RITUAL

Die Muttergöttin Juno wurde wegen ihrer Freundlichkeit, Wahrheitsliebe und Gerechtigkeit geliebt, aber auch wegen ihrer Stärke und Macht gefürchtet. Ihr Mut, sich auch unbequemen Wahrheiten zu stellen, erwuchs aus ihrem Selbstvertrauen und ihrem ehrenhaften Handeln.

In diesem Ritual verwenden wir eine Feder, die als Symbol der Göttin gilt. Sie soll deine Aura reinigen und deine Ängste und Zweifel fortfegen, damit auch du mutig und ehrenhaft handeln kannst.

Du benötigst eine große Feder (das Wesen des Vogels, von dem die Feder stammt, soll symbolisch in dem Ritual wirksam werden).

- Fege mit der Feder deinen Körper ab, als wolltest du Staub entfernen. Beginne an deinem Scheitel.
- Arbeite dich den ganzen Körper entlang, indem du jede Seite von oben nach unten »rein fegst«. Denke auch an deine Fußsohlen.
- Stelle dir vor, dass du deine Aura und die Energiefelder um deinen Körper herum reinigst. Die lebhafte Bewegung der Feder bringt stagnierende Energie wieder zum Fließen und entfernt Negativität.
- Atme während der Reinigung und auch eine Zeit lang danach tief ein und aus, um dich selbst zu erden.
- Beende das Ritual mit den Worten: »Ich bin gereinigt, erneuert und bereit, meinen Standpunkt zu verteidigen. Meine Aura ist von Mut durchdrungen.«

Bixia Yuanjin

Taoistische Göttin des Windes, der Morgendämmerung und des Schicksals

GABEN

Inspiration, Vorstellungskraft, Befreiung, Manifestation

»PRINZESSIN DER WOLKEN IN DER MORGENRÖTE«

Immer wenn ein Kind geboren wird, feiert der Himmel ein Fest. Alle Gottheiten versammeln sich und blicken lächelnd auf die winzige Seele hinab. Wie stolze Pateneltern richten sie ein Fest aus, um die ersten Atemzüge des Neugeborenen zu feiern. Die wichtigste Gottheit ist dabei die aus Wolken und Sternenstaub geborene Göttin der Morgendämmerung, Bixia Yuanjin, denn sie bestimmt das Schicksal des Kindes. Eine passende Aufgabe für eine Göttin, die an jedem neuen Morgen auf den Hügeln erscheint und ihre Finger anmutig durch die Luft tanzen lässt, damit der neue Tag sich erheben kann.

Sie ist die Prinzessin der Wolken in der Morgenröte, eine Windgöttin, die aus ihrem Himmelsschloss auf die Menschen hinabblickt und sie gleichzeitig dazu einlädt, nach oben zu schauen. Sie sollen die höchsten Gipfel erklimmen und die Luft dort einatmen, denn so bereiten sie der Göttin den Weg in ihre Seele. Anders als viele andere Gottheiten muss Bixia Yuanjin ihren Wert und ihre Bedeutung nicht durch Wundertaten beweisen. Ihre Macht manifestiert sich jeden Morgen neu. Feuer und Flut mögen die Menschen in Angst und Schrecken versetzen und als Strafe der Götter betrachtet werden, doch sie regen nicht zur Veränderung an.

Im Wettstreit darum, wer die Ehre hätte, bei der Geburt eines Kindes dessen Schicksal zu bestimmen, stellten die taoistischen Götter ihre Macht zur Schau. Man kann sich gut vorstellen, welchen Aufruhr das am Himmel entfachte: Die Regengötter ließen es in Strömen regnen, sodass mächtige Fluten sich über das Land ergossen. Sie wurden zu Seen und die Seen zu Ozeanen, und immer noch strömten die Wassermassen. Es war ein Furcht einflößendes Schauspiel. Dann kam die Reihe an die Donnergötter.

Mit ihren silbernen Peitschen und Schwertern durchschnitten sie die Luft und ließen die Erde unter ihren Blitzen erbeben. Der Himmel leuchtete in allen Farben. Es war ein eindrucksvolles Spektakel. Als Nächstes waren die Sonnengötter dran. Mit all ihrer Leuchtkraft und Leidenschaft ließen sie die Temperatur auf Erden ansteigen und schickten sengende Strahlen in alle Richtungen, die die Dunkelheit durchbrachen und die überschüssigen Wassermassen verdampfen ließen. Doch damit nicht genug, sie wüteten hitzig immer weiter, bis das Land trocken und rissig wurde und der Himmel in atemberaubendem Kupfergold erstrahlte.

Nur Bixia Yuanjin bewahrte einen kühlen Kopf und stellte eine Frage, die alle Götter innehalten ließ: »Und was ist mit den Menschen? Ihr habt eure Macht eindrucksvoll bewiesen, aber die Menschen leiden darunter, und ihr unternehmt nichts, um ihnen zu helfen.« Mit diesen Worten verließ sie ihr Schloss in den Wolken und ließ eine sanfte Brise über das Land wehen.

Die Luft wurde kühl und frisch, der kupfergoldene Himmel färbte sich in zarten Rosatönen, und die Menschen wagten es endlich wieder, den Blick nach oben zu richten. Sie spürten, wie der Wind sie in höhere Gefilde drängte, wo sie frische Luft atmen und ihre Lungen von allem Staub und Schmutz befreien konnten. Sie stiegen immer weiter hinauf in die Berge, und so mühsam der Weg auch war, so waren sie doch entschlossen, den Gipfel zu erreichen. Oben angelangt, breiteten sie die Arme aus und genossen die frische Luft. Während sie tief ein- und ausatmeten, wurde ihr Geist klar, und ihr Körper gewann neue Kraft. Begeisterung erfasste sie, und sie fühlten sich zu großen Taten inspiriert.

Die Götter hingegen beobachteten das Ganze beschämt und kamen überein, dass es Bixia Yuanjins Aufgabe sein sollte, die Seelen der Menschen zu formen. Sie war ihnen zu Hilfe geeilt und hatte ihnen die Luft zum Atmen geschenkt. Sie hatte die Vorstellungskraft der Menschen geweckt und sie ermutigt, höher hinaufzusteigen als je zuvor. Sie war die Prinzessin der Wolken in der Morgenröte, die Königin der Morgendämmerung, sie hatte die Menschen befreit.

AFFIRMATION

»Mit jedem Atemzug steige ich weiter aufwärts, um meine Ziele zu erreichen!«

RITUAL

Bixia Yuanjin bringt die Menschen voran. Sie ist die sanfte Brise der Inspiration, aber auch der kräftige Wind der Veränderung.

Sie fegt durch die Welt und bricht dabei neuen Ideen, Gefühlen und Abenteuern Bahn. Sie hilft dabei, neue Möglichkeiten zu entdecken und Träume zu verwirklichen.

Dieses Ritual beruht auf dem Element Luft. Es hebt deinen Geist und deinen Körper auf neue Ebenen und unterstützt dich dabei, neue Ideen zu entwickeln.

Suche dir einen Berg oder Hügel – eine kleine Erhebung reicht völlig, sie muss nur etwas höher liegen als das Umland.

- Denke beim Hinaufsteigen an all das, was du erreichen willst. Stelle dir vor, dass all das oben auf dem Hügel auf dich wartet. Du musst nichts anderes tun, als voranzuschreiten, tief ein- und auszuatmen und dich von der Energie der Luft durchdringen zu lassen.
- Konzentriere dich bei jedem Schritt auf deinen Atem und atme jedes Mal etwas länger ein. Je höher du kommst, umso energiegeladener und positiver solltest du dich fühlen.
- Wenn du oben angekommen bist, mache erst einmal eine Pause und nimm die Umgebung in dich auf.
- Nimm jeden Windhauch auf deiner Haut wahr.
- Heiße ihn in deinem Leben willkommen, indem du die Arme weit öffnest und dich um dich selbst drehst.
- Sprich laut oder in Gedanken die Worte: »Der Wind möge meinen Träumen neue Kraft und neues Leben einhauchen.«

Iris

Griechische Göttin des Regenbogens

GABEN

Austausch, Hoffnung, Freude, Dienstbereitschaft

»NACH DEM REGEN«

Als die Welt noch jung war, begannen die Menschen ihre eigenen Wege zu gehen, was bei den Gottheiten des griechischen Pantheons für große Aufregung sorgte. Von ihren reich verzierten Palästen aus verfolgten sie mit Spannung das Leben der irrenden, liebestollen Menschen – doch konnten sie kaum eingreifen. Sie blieben unparteiische Zuschauer, denn solange niemand sie um Hilfe anflehte, und selbst dann noch, waren ihre Einflussmöglichkeiten begrenzt. Wie überall mussten auch hier Regeln eingehalten werden.

Es galt die richtigen Worte und Rituale zu finden, wenn man eine Gottheit um Hilfe bat. Opfer darzubringen war immer eine gute Idee, um die Aufmerksamkeit der Götter zu wecken, allerdings konnte man bei der Auswahl der Opfergaben durchaus Fehler machen. Die Unterschiede zwischen Göttern und Menschen waren Grund für zahlreiche große Schlachten. Das ist nicht weiter erstaunlich: Uns Sterblichen fehlt der Luxus der Ewigkeit, für uns rast die Zeit. Alles ist ständig in Veränderung begriffen. Für die Götter gilt das nicht. In ihrem Leben gibt es nur wenige Veränderungen oder Abwechslungen (abgesehen von dem Spektakel, das wir Menschen ihnen bieten).

Eines Tages beschlossen die Gottheiten, dass es einen Boten geben sollte, der sich in beiden Welten gut zurechtfand. Natürlich musste sorgfältig abgewogen werden, wen man mit einer solch ehrenvollen Aufgabe betraute.

Alle großen Götter und Göttinnen rissen sich um diesen Job. Alle wollten mit den Menschen in Verbindung stehen und in ihr alltägliches Leben einbezogen werden. Wie zu erwarten, brach Streit aus.

»Ich bin der Älteste, mir gebührt diese Aufgabe.«

»Nein, ich bin der Mächtigste, mich müsst ihr damit betrauen!«

»Unsinn, ich bin besser geeignet als ihr beiden zusammen – ich besitze von uns allen die meiste Weisheit!«

So ging es eine ganze Weile ... das Pantheon tobte, und die Situation geriet völlig außer Kontrolle. Da trat auf einmal Iris, die Tochter des Meeresgottes Thaumas und der Nymphenbraut Elektra, mit leichten Schritten aus einem Wolkengestöber. Unbemerkt von den Streitenden, ging die zierliche junge Frau leise singend durch die aufgebrachte Menge. Bunte Bänder wehten vor ihr her. Sie hielt einen mit süßem Nektar gefüllten Krug in den Händen, den sie dem Göttervater Zeus ehrerbietig darbot.

In diesem Augenblick wurde es plötzlich still in der Menge. Alle erkannten, dass diese fast unbekannte Göttin die Einzige unter ihnen war, die sich für die Aufgabe als Botin eignete. Sie konnte leichtfüßig und ohne die Menschen zu erschrecken zwischen dem Reich der Götter und dem der Sterblichen hin und her reisen.

Ihre Dienstbereitschaft und Ehrenhaftigkeit machten sie immun gegen Kabale, Hintergedanken oder Machtspiele. Ihre Aura strahlte verheißungsvoll.

So wurde Iris zur Götterbotin bestimmt. Sie sollte zwischen den Welten pendeln, um Einsichten, Wissen und Hilfe zu überbringen. Wie aber sollte sie auftreten? Einfach unter Blitz und Donner aus den Wolken zu fallen würde die Menschen wohl zu sehr ängstigen. Ein Auftritt unter Glockengeläut und Posaunenschall in einem geflügelten Wagen wäre zu pompös ... Aber irgendwie mussten die Menschen doch über die Ankunft der Götterbotin informiert werden.

Und wieder fand sich im Auftreten der Göttin eine Lösung. Als sie ihre goldenen Schwingen ausbreitete und durch die Luft segelte, formten die bunten Tücher vor ihr einen perfekten, herrlich leuchtenden Bogen, der sich vom Ozean bis zu den Sternen erstreckte. Dieser Bogen entzückte nicht nur jeden Betrachter, sondern wirkte auch wie ein gutes Omen – perfekt also, um eine Botin der Götter anzukündigen.

Die Gottheiten klopften sich selbst auf die Schulter für diese hervorragende Idee. Wie mächtig und Ehrfurcht einflößend sie den Menschen damit vorkommen würden! Dabei vergaßen sie völlig, dass die Menschen schon seit jeher wussten, dass nach dem Regen ein Regenbogen als Zeichen der Hoffnung erscheint.

AFFIRMATION

»Jeder meiner Schritte erfüllt mich mit Hoffnung.«

RITUAL

Iris wird oft mit einem Gefäß in der Hand dargestellt, mit dem sie das Wasser der Meere in die Regenwolken füllt. Als Botin erhält die großzügige und hilfreiche Gottheit den Austausch zwischen Göttern und Menschen aufrecht und verbreitet Licht und Liebe.

Dieses Ritual weckt positive Energie. Es verbessert und stärkt Denkvermögen und Wohlbefinden. Es füllt dich mit Licht und macht dich zur Freude der Menschen um dich herum.

Führe die Übung am besten morgens durch, damit du positiv in den Tag starten kannst.

- Schließe unter der Dusche die Augen. Atme tief ein und aus, damit dein Geist klar und ruhig wird.
- Drehe die Dusche auf und gewöhne dich ein paar Minuten lang an die Temperatur.
- Stelle dir vor, wie die Wassertropfen in allen Regenbogenfarben leuchtend an dir herabfließen und dich in bunte Farben hüllen.
- Spüre, wie das Wasser auf deinen Kopf fällt. Inhaliere die Energie des Wassers mit jedem Atemzug und stelle dir vor, wie sie mit jedem Atemzug dein Rückgrat hinunterläuft.
- Spüre, wie die Farben in deine Haut dringen und bunt leuchtend nach außen strahlen.
- Nimm die lebendige Energie in dich auf und stelle dir vor, du seist in ein regenbogenfarbenes Gewand gehüllt.
- Senke die Wassertemperatur am Ende des Rituals für ungefähr eine halbe Minute. Atme tief ein und spüre, wie der Regenbogen um dich herum beim Ausatmen kräftiger und strahlender wird.
- Erinnere dich während des Tages immer wieder an das Regenbogengewand und daran, wie die Farben in deinem Innern alle und alles um dich herum erleuchten.

Minerva

Römische Göttin der Weisheit, der Gerechtigkeit und des Sieges

GABEN
Weisheit, Philosophie, Unvoreingenommenheit, Integrität

»DAS NETZ, DAS WIR WEBEN«

Die Götter Roms waren nicht unbedingt für ihre Klugheit bekannt. Sie ließen sich von ihren Begehrlichkeiten lenken, Venus etwa von ihren erotischen Wünschen oder Mars von Machthunger und Kriegslust. Eine Ausnahme von der Regel war die kluge, weise und vorausschauende Minerva, die gemeinsam mit Juno und Jupiter die Kapitolinische Trias bildete. Zu dritt regierten sie das Land, wobei Minerva immer mitten im Geschehen stand.

Natürlich hatte auch die Göttin der Handwerkskunst, Kriegsführung und Finanzen Schwächen: Sie war daran gewöhnt, überall die Beste zu sein, und wollte jemand ihr diese Position streitig machen, musste er mit ihrem Zorn rechnen. Doch davon abgesehen, zeigte sie sehr viel mehr Wohlwollen und Verständnis für die Sterblichen als die anderen ihrer Art.

Kaum jemand konnte dieser vortrefflichen Göttin das Wasser reichen, auch wenn viele sich daran versuchten. Nur einer gelang es, Minerva wirklich herauszufordern. Die schöne und begabte Arachne war eine geschickte Weberin, doch so viel Talent sie auch besaß, an Taktgefühl fehlte es ihr.

Oft brüstete sie sich laut, ihre Webkunst überträfe selbst die Minervas. Doch wer von den Göttern spricht, muss damit rechnen, dass die davon erfahren. So auch in diesem Fall: Minerva hörte von den Prahlereien der jungen Frau und beschloss, ihr eine Lektion zu erteilen.

Sie verwandelte sich in ein altes, ausgemergeltes Weib und forderte Arachne in dieser Gestalt heraus: »Ich habe gehört, dass du dich für die beste aller Weberinnen hältst. Wenn das stimmt, möchte ich dich zu einem Wettstreit herausfordern.«

Arachne lachte hochmütig: »Diese Herausforderung nehme ich gerne an, denn ich werde gewinnen!«

»Das werden wir sehen«, antwortete Minerva und hob einen Finger, »jede von uns soll einen Wandteppich zu Ehren der Götter weben, daran wollen wir messen, wer wirklich die Beste ist.«

Beide arbeiteten rasch und geschickt bis in die Nacht hinein, sie wählten die kompliziertesten Muster und die schönsten Farben. Die anderen Götter überwachten den Wettstreit sorgsam und achteten darauf, dass Minerva ihren Künsten nicht mit Zauberei nachhalf.

Schließlich führten beide ihre Wandteppiche vor. Minerva präsentierte ihr Kunstwerk zuerst: Es war eine wundervolle Darstellung der römischen Schutzgottheiten. Doch so kunstvoll und eindrucksvoll groß dieser Teppich auch war, so verblasste er neben dem Werk Arachnes. Deren Kunstfertigkeit übertraf die Minervas an Detailreichtum und Strahlkraft. Auch Arachne hatte auf ihrem Teppich Gottheiten dargestellt, doch zeigte ihr Bild die Götter in ihrem Liebeswahn, wie sie Menschenfrauen verführten und sich zum Narren machten.

Minerva, die nun wieder ihre göttliche Gestalt angenommen hatte, spürte, wie sich die Gemüter der Götter erhitzten. Ihr war klar, dass diese freche Darstellung ihren Zorn erregte. Sie reagierte rasch und schlug Arachne ins Gesicht. Diese Demütigung beschämte die junge Frau so sehr, dass sie einen Strick nahm, um ihr Leben zu beenden. Während die Götter ihrer Schadenfreude freien Lauf ließen, fühlte Minerva nichts als Mitleid. Sie hatte der jungen Frau lediglich eine Lektion erteilen wollen, Arachnes Tod hingegen wäre sinnlos und unrecht. So griff Minerva auf ihre Zauberkraft zurück: Sie warf Wiesenraute, das Kraut der Zauberin Hekate, auf die junge Frau, der sofort die Haare ausfielen, während sich ihr menschlicher Körper in etwas kleines, rundes Schwarzes verwandelte. Ihre Gewänder fielen zu Boden. Ihre schlanken Finger wurden zu dürren Beinen, die aus einem haarigen Körper ragten. Arachne, die in ihrer neuen Gestalt als Spinne weiterhin einen silbrigen Faden spinnen konnte, krabbelte auf ihren acht Beinen davon.

Und alle Menschen und Götter hörten, wie Minerva ihr hinterherrief: »Arachne, kleine Spinne, das Netz, das wir weben, bestimmt unser Schicksal. Dies hier ist dein Schicksal. Webe es sorgfältig und vergiss nicht, dass du die beste Weberin der Welt bist und immer bleiben wirst.«

AFFIRMATION

»Meine Intuition durchdringt jeden meiner Gedanken, jedes meiner Worte, jede meiner Taten.«

RITUAL

Die kluge Minerva betrachtete die Dinge stets von allen Seiten. Diese Perspektivenvielfalt schenkte ihr umfassendes Wissen und erlaubte es ihr, gut begründete Urteile zu fällen. Im Zentrum dieses Rituals steht das Spinnennetz. Es hilft dir, Pläne zu schmieden und Probleme zu lösen.

Lege dir ein großes Blatt Papier und Stifte bereit.

- Wenn du ein Problem hast oder eine Entscheidung treffen musst, dann fasse die Situation in wenigen Worten zusammen.
- Schreibe die Worte in die Mitte des Blattes und male einen Kreis um sie herum.
- Überlege nun, wie du von dort aus zu einer Lösung bzw. Entscheidung gelangen kannst. Ein Schritt wäre vielleicht, über ähnliche Situationen zu recherchieren.
- Male einen weiteren Kreis. Verbinde ihn mit einem Strich mit dem ersten Kreis. Fasse den zu unternehmenden Schritt in wenigen Worten in dem neuen Kreis zusammen.
- Nimm dir Zeit, über weitere Schritte nachzudenken und diese auf die gleiche Art und Weise zu notieren. Überlege dann, was du für die jeweiligen Schritte benötigst. Wenn es zum Beispiel um Recherche geht, überlege, wo diese stattfinden soll: Im Internet? In der Bibliothek? Im Gespräch mit einem Experten oder Mentor?
- Ziehe eine Linie von dem jeweiligen Schritt zu einem neuen Kreis und beschreibe dort, wie du vorgehen möchtest.
- Am Ende gleicht deine Zeichnung einem Spinnennetz voller Ideen, von denen du dich inspirieren lassen kannst.
- Nutze deine Aufzeichnungen als Ausgangspunkt dafür, ins Tun zu kommen und deine Zukunft zu gestalten.

Oya

Yorubische Göttin der Gewitter und Stürme

GABEN

Veränderung, Wiedergeburt, Gerechtigkeit, Macht

»SIE, DIE ZERREISST«

Es war einmal eine Göttin, die Tochter der Meeresmutter, die vereinte in sich alle Elemente. In ihren Adern strömten die kühlen Wasser des Niger. In ihren Händen züngelten Flammen. Über ihrem Haupt tanzten neun wilde Tornados, und in ihrem Herzen trug sie Erdbrocken und den Knochenstaub der Toten.

Die Menschen verehrten sie für ihre Schönheit und Macht, doch die Göttin selbst war sich dieser Macht nicht bewusst. Es kommt oft vor, dass begabte Menschen ihre Talente nicht kennen, und so war es auch bei Oya. Sie lebte im Schatten ihres Bruders und Ehemanns Shango, des legendären Herrschers des Vierten Königreichs von Oyo.

Als sie sich ihrer Macht endlich bewusst wurde, war das für sie ebenso überraschend wie für alle anderen, die Zeugen ihrer Veränderung waren. Der in der Göttin schlummernde Zorn brach mit unbändiger Kraft aus, als sie mit Verrat konfrontiert wurde. Wir Menschen erleben Verrat immer und immer wieder, genauso, wie wir Dinge immer und immer wieder für selbstverständlich halten.

Von den Wolken aus las Oya die Gedanken der Menschen, um sie zu beschützen. Wenn die Menschen darum baten, sandte sie Regen oder Visionen. Sie begleitete Frauen bei der Geburt und führte die Seelen der Toten zu dem für sie bestimmten Ort. All dies tat sie selbstlos: Mit den Wassern des Niger reinigte sie den Geist der Menschen und wusch sie von ihren Sünden rein – doch konnten die Wasser ebenso zum Fluch wie zum Segen dienen.

Anfangs war Oyas Liebe unerschütterlich und freigiebig, doch mit der Zeit wurden die Menschen gierig und unselbstständig. Neid und Eifersucht griffen um sich, einstige Freunde kehrten einander den Rücken zu. Rücksichtslos logen und betrogen sie zu ihrem Vorteil. Selbstsucht breite-

te sich aus. Familien, die einst ihr Brot mit den Nachbarn geteilt hatten, verschlossen ihre Türen. Dorfbewohner, die einander bislang immer geholfen hatten, gingen getrennte Wege. Das »Wir« wurde zum »Ich«, und das »Ich« trat an erste Stelle. Das machte Oya wütend.

Blutrot schoss der Zorn in ihr empor und flackerte über sie hinaus, sodass ihr Gewand in dunklem Purpur glomm. Die Flammen in ihrer Hand loderten auf, und der Wind, der bislang nur ein Flüstern in ihrem Kopf gewesen war, gewann an Kraft und Wildheit. Als die Toten unruhig wurden, begann die Erde zu beben, doch die Menschen machten einfach weiter wie bisher. Sie waren so mit ihrem eigenen Unflat beschäftigt, dass sie die Veränderungen nicht einmal wahrnahmen.

Der Himmel wurde schwarz, die Luft zähflüssig, dann riss der Himmel auf, und Oya stand dort mit einem Schwert in der Hand. Die Menschen starrten zu ihr hinauf und verstanden immer noch nicht, was die Göttin so erzürnt hatte. Sie waren durch ihr übersteigertes Selbstwertgefühl geblendet. Das musste sich ändern.

Oya hob ihr silbernes Schwert und durchschnitt die Wolken. Ein Lichtblitz fuhr zur Erde, durchbrach die Dächer und versprühte Feuerfunken. Oya sah mit wildem Entzücken, wie die Hütten und Häuser zusammenbrachen. Dann warf sie die Hände empor und jagte ihre neun Tornados über das Land. Ihr Lachen dröhnte, als die Erde sich auftat und die Menschen hineinstürzten. Als Oya alle Wut aus sich herausgeschrien und riesige Schäden angerichtet hatte, drehte sie sich um und ging davon.

Doch die Geschichte ist hier nicht zu Ende. Die überlebenden Menschen weinten und weinten. Sie waren außer sich vor Furcht. In ihrem Leid fanden sie wieder zueinander und trösteten sich gegenseitig. Als Oya sah, wie die Menschen einander beistanden, brach ihr das Herz – das unterschied sie von den anderen Göttern, die sich einfach von den Menschen abgewandt hätten, schließlich hatten deren eigene Missetaten zur Katastrophe geführt. Doch Oya weinte, ihre Tränen fielen in die großen Ströme. Wieder öffnete sich der Himmel, doch diesmal kam Regen herab. Er floss durch die Straßen und reinigte sie von allem Unrat. Er wusch das Blut fort und die Tränen von den Gesichtern. Er kräftigte den Geist der Sterbenden und erweckte die bereits Verstorbenen wieder zum Leben.

Alles wurde gesäubert, und die Göttin, die ihre eigene Kraft bis dahin nicht gekannt hatte, setzte diese nun vollständig ein. Sie stellte die Ordnung wieder her und erhielt die Beinamen »Sie, die zerreißt« und »Die große Mutter der Älteren der Nacht«.

AFFIRMATION

»Ich erkenne meine Kraft und stehe für mich ein.«

RITUAL

Die leidenschaftliche Oya tut alles, um ihr Volk zu schützen – doch wenn ihre Leute sie betrügen, lässt sie ihrem Zorn freien Lauf. Oya bringt Veränderung und steht für die weibliche Kraft: Sie hilft dir, mit den Unwägbarkeiten des Lebens zurechtzukommen und deine Welt zu gestalten.

Dieses Ritual beruht auf Oyas Schwert und dem Element Feuer. Es stärkt die dir innewohnende Kraft und lässt dein Licht erstrahlen.

Du benötigst einen Brieföffner (der Oyas Schwert darstellt), Stift und Papier sowie eine rote Kerze.

- Nimm dir zunächst etwas Zeit und überlege, wann du dich besonders stark gefühlt hast. Kehre in Gedanken zu diesen Augenblicken zurück und durchlebe dieses Gefühl erneut.
- Suche nach einem Symbol für dieses Gefühl – zum Beispiel die Sonne, die für Macht und Freude steht. Du kannst dieses Gefühl auch in einem Wort wiedergeben, aber wähle etwas Einfaches. Schreibe das Wort oder Symbol auf.
- Ritze es dann mit dem Brieföffner oder einem Reißnagel in das Kerzenwachs.
- Zünde die Kerze an und betrachte ein paar Minuten die Flamme. Achte darauf, wie sie mit jedem deiner Atemzüge größer und heller wird.
- Konzentriere dich auf das von dir gewählte Wort oder Symbol. Wenn du irgendwann später auf deine innere Kraft zurückgreifen musst, dann denke daran.

Melissa

Griechische Bienengöttin

GABEN

Intuition, göttlich-weibliche Kraft, Freundlichkeit

»NEKTAR DER GÖTTER«

*Zarte Flügel, rundlicher Körper so klein.
Wer weiß, wer das ist, wer kann das wohl sein?
Melissa ist es, sie fliegt summend vorbei, Göttin,
Nymphe und Biene, sie ist alle drei.*

Melissa war gleichzeitig mädchenhafte Nymphe und Biene, kein Wunder also, dass Gottheiten und Menschen gleichermaßen vor einem so seltsamen Wesen zurückschreckten.

Sie hauste in einer Höhle auf dem kretischen Berg Ida. Das ist ein ungewöhnliches Zuhause für eine Nymphe, aber Melissa war ja auch alles andere als gewöhnlich. Vielleicht versteckte sie sich dort, damit keiner ihr Summen hörte oder ihre Flügel entdeckte. Ihrer gesamten Gestalt haftete etwas Zauberhaftes an: ihren zarten Berührungen, ihren großen, glänzenden Augen und auch der Art, wie sie sich bewegte. Vielleicht hätte nie jemand von ihr erfahren, wenn Zeus nicht gewesen wäre.

Zu der Zeit, in der diese Geschichte spielt, war er noch jung und hilflos, ein winziger Säugling, weit entfernt von dem mächtigen Gott, den wir heute kennen. Viel Zeit würde noch vergehen, bis er den Olymp besteigen und seine Heldentaten vollbringen würde. Hätte Melissa ihn nicht von klein auf mit Ziegenmilch und süßem Honig versorgt, wäre er sicherlich gestorben. Sanft tupfte sie ihm die Mischung mit den Fingerspitzen auf die Lippen und sah mit Freuden dabei zu, wie er die Nahrung aufnahm.

Vielleicht wurde er deshalb so viel größer, mächtiger und stärker als alle anderen Götter. Vielleicht verlieh ihm der Honig seine übernatürlichen Kräfte und seine unbeugsame Macht. Vielleicht war es aber auch Melissas Zauber, der hier wirkte. Denn sie kannte die Geheimnisse der Bienen und wusste, wie man die Speise zubereitete, die als

»Nektar der Götter« legendär wurde. Sie besaß die Gabe, Dinge zu verwandeln, und brachte Neues und Mächtiges hervor. Sicherlich hatte sie auch Einfluss auf den jungen, noch formbaren Zeus.

Auf den ersten Blick mochte sie – klein und rundlich mit durchscheinenden Flügeln – merkwürdig wirken, doch welche Rolle sie auch immer beim Aufstieg des Göttervaters gespielt haben mag, er vergaß sie nicht. Er wusste, dass er in ihrer Schuld stand. Das Aussehen der freundlichen Nymphe war ihm egal, was für ihn zählte, war ihr liebevolles und großzügiges Wesen. So wurde Melissa zur Göttin der Bienen – zur Bienenkönigin mit eigenen Tempeln und zahlreichen Priesterinnen, die als Melissen bezeichnet wurden. Sie folgten Melissas Vorbild und lernten die Bienen kennen und verstehen. Zu Ehren Melissas sangen sie Lobpreislieder und führten rituelle Tänze auf. Sie summten, um die Macht und den Wert der Nymphe zu preisen. Auch die Priesterinnen selbst wurden verehrt. Oft wurden die erfahrenen Melissen um Hilfe gebeten, wenn es um die Herstellung von Honig ging. Die Menschen im antiken Griechenland verstanden wenig von der Imkerei – für sie muss es ein eindrucksvoller Anblick gewesen sein, wenn die Priesterinnen den Bienentanz aufführten. Neben ihren Imkerfähigkeiten besaßen die Melissen auch die Gabe der Weissagung, sodass die Menschen sie wegen ihrer Visionen und Prophezeiungen aufsuchten.

Die anderen Götter wiederum liebten Melissas Nektar – dieser besondere Genuss erfreute sich großer Beliebtheit und wurde nicht nur für Speis und Trank genutzt, sondern auch als Heilmittel gegen jegliches Siechtum. Keine Medizin konnte dieses zauberkräftige Elixier der Göttin übertreffen. Es ließ Wunden heilen und tröstete die Leidenden.

Wer hätte gedacht, dass solch ein seltsames Wesen solch ein Wunder vollbringen würde? Doch wahre Größe kann in vielerlei Gestalt auftreten und ist oft nicht auf den ersten Blick erkennbar.

»Zarte Flügel, rundlicher Körper so klein. Wer weiß, wer das ist, wer kann das wohl sein? Melissa ist es, sie fliegt summend vorbei, Göttin, Nymphe und Biene, sie ist alle drei.«

AFFIRMATION

»Ich heiße die Kraft der Göttin in mir willkommen.«

RITUAL

Freigiebig verteilt Melissa ihre zauberkräftigen Gaben, teilt ihr Wissen mit anderen und zeigt ihnen, wo der Nektar des Lebens zu finden ist. Äußerlich unscheinbar, trägt sie doch die überschäumende Energie einer Göttin in sich. Dafür verehren die Menschen sie.

Mit Melissas Hilfe erkennst du deine Kraft und kannst deine Gaben mit anderen teilen.

Dieses Ritual nutzt Melissas Gabe, den Honig. Es hilft dir, die Kraft der Göttin in dir zu entdecken und deine einzigartige Schönheit und Stärke zu entfalten.

- Lasse dir ein warmes Bad ein.
- Gib einen Löffel Honig in ein halbes Glas warmer Milch.
- Rühre den Honig in die Milch und denke dabei daran, woher diese goldene Gabe stammt.
- Verteile die Milch-Honig-Mischung im warmen Wasser.
- Steige in die Badewanne und nimm ein langes Bad.
- Schließe die Augen und stelle dir vor, dass du in einem goldenen Sechseck aus Licht liegst, in dessen Mitte die Energie der Göttin pulsiert und deinen Körper durchdringt, während du im Bad entspannst.
- Stelle dir vor, dein Atem sei goldenes Licht.
- Entlasse beim Ausatmen alle negative Energie aus dir. Spüre, wie die Kraft der Göttin in dir mit jedem Atemzug wächst.
- Beende das Ritual mit den Worten: »Ich entfalte meine natürliche Schönheit und lasse die Energie der Göttin in mir erstrahlen.«

Ma'at

Ägyptische Göttin der Gerechtigkeit

GABEN

Fairness, Wahrheit, Gerechtigkeit, Harmonie

»EHRLICHKEIT UND WAHRHEITSLIEBE«

Nicht einmal die alten Ägypter wussten, wie die Zeit entstand, wie sie sich in dem nie endenden Tanz immer wieder neuen Lebens vorwärtsbewegte oder wie in ihrem sanften Rhythmus die Welt erschaffen wurde. Doch sie wussten, dass alles bestimmten Regeln folgt: Auf- und Untergang der Sonne, der Wechsel der Jahreszeiten und der Lauf der Gestirne.

Nichts geschieht willkürlich, denn Willkür entspringt dem Chaos, und ohne kosmische Ordnung fällt die Welt ins Chaos zurück.

So kam es, dass die mächtige Göttin Ma'at in den ägyptischen Pantheon Einzug hielt, wo sie zu Füßen Ras saß. Sie wurde aus Steinen geformt, als der Sonnengott aus dem Chaos hervorging, und bestand ganz aus Licht, Güte, Größe, Gerechtigkeitssinn und Wahrheitsliebe. Auf ihrem Haupt saß eine goldene, mit Straußenfedern geschmückte Krone. Aus ihren Schultern sprossen Flügel, mit denen sie hoch über den staubigen Straßen am Himmel flog, um alle Vereinbarungen und alle Schwüre auf der Erde zu überwachen. Sie brachte Klarheit in verzwickte Angelegenheiten und blickte unter die Oberfläche. So konnte sie die Taten der Menschen nach deren Tod beurteilen.

Ihre Aufgabe brachte große Ehre, aber auch große Verantwortung mit sich, denn sie allein entschied über das weitere Schicksal dieser Menschen. Die pflichtbewusste Göttin stellte sich dieser Verantwortung und nahm ihren Platz an den Toren der Unterwelt ein, wo sie die Seelen der Toten empfing oder abwies. Doch wie sollte sie diese Entscheidung fällen? Da Gerechtigkeit für Ma'at das Wichtigste war, suchte sie für die Urteilsfindung nach Strukturen und Ritualen, die weder von Menschen noch von Göttern manipuliert werden konnten.

Ma'at, die seit Anbeginn der Zeit existierte, die kosmische Macht besaß und deren Wesen von Ehrbarkeit durchdrungen war, wusste, wie ihre Urteile das Schicksal der Welt beeinflussten. Sie dachte lange nach, dann hob sie die Hände zum Himmel und rief mit lauter Stimme: »Ehrlichkeit und Wahrheit müssen mein Urteil begleiten, soll mich dabei Herz oder Kopf oder anderes leiten?«

Da geriet die Luft um sie herum in Bewegung, die Federn auf ihrem Haupt wehten, und die Antwort kam zu ihr wie der erste wunderbare Atemzug des Lebens. Eigentlich war es die ganze Zeit offensichtlich gewesen; sie war bereits mit allem ausgestattet, dessen es für die Wahrheitsfindung bedurfte: »Ich werde die Herzen der Toten auf der Waage der Gerechtigkeit wiegen. In die eine Waagschale lege ich eine meiner Straußenfedern und in die andere das Herz – so werde ich die Wahrheit erkennen.«

Nach kurzem Überlegen fügte sie hinzu: »Wiegt das Herz mehr als meine Feder, dann ist es schwer von üblen Taten. Der Mensch, dem es gehörte, hat also kein vorbildliches Leben geführt. Seine Seele wird zum Feuersee geschickt und dort zu Asche verbrennen. Wiegt das Herz jedoch genauso viel wie meine Feder oder sogar weniger, dann hat dieser Mensch auf Erden viel Gutes getan. Dieser Seele wird Zugang zum ewigen Leben nach dem Tod gewährt.«

Und so kam es.

Wer starb, gelangte in das Tal des Todes und wurde von dort in Ma'ats Halle gebracht, wo sie den Neuankömmling mit ausdruckslosem Gesicht begrüßte und mit der Zeremonie begann. Es gab kein Abweichen von den Regeln, keine Ausnahmen – keine Auseinandersetzungen. Denn die Menschen im alten Ägypten wussten, was von ihnen erwartet wurde. Sie wussten, dass sie am Ende ihres Lebens der Göttin Ma'at gegenüberstehen und von ihr beurteilt würden, und versuchten daher, das Richtige zu tun.

Ma'at jedoch wurde zum Synonym für »Ehrlichkeit und Wahrheitsliebe« und von allen Menschen für die Bürde, die sie beim Übergang vom Leben in den Tod übernahm, verehrt.

AFFIRMATION

»Ich behandele mich und andere mit Respekt und Ehrlichkeit.«

RITUAL

Ma'at verkörpert Recht, Gerechtigkeit, Ehrlichkeit und Wahrheit. In Zeiten der Zwietracht half sie, die richtigen Entscheidungen zu treffen. Die Menschen konnten sich darauf verlassen, dass sie das Für und Wider abwägen und so den rechten Pfad weisen würde. Sie unterstützt auch dich dabei, weise zu entscheiden und ehrlich zu dir selbst zu sein.

Dieses Ritual nutzt eines von Ma'ats Symbolen, nämlich die Waagschalen. Es hilft dir, ehrlich und intuitiv Entscheidungen zu treffen. Dazu benötigst du zwei ungefähr gleich große Blätter Papier und einen Stift.

- Wenn du dich zwischen zwei Möglichkeiten entscheiden musst, schreibe die eine auf das erste Blatt und die andere auf das zweite. Bist du zum Beispiel unsicher wegen eines Umzugs, dann notiere einmal »umziehen« und einmal »bleiben«.
- Knülle die beiden Blätter zusammen und nimm in jede Hand eines. Balle die Hände zur Faust.
- Halte beide Arme vor dich, sodass sich die Fäuste auf gleicher Höhe befinden. Entspanne die Ellenbogen. Du selbst wirst zu Ma'ats Waage.
- Schließe die Augen und atme ein paarmal tief ein, um ganz ruhig zu werden.
- Frage dich: »Welche Entscheidung ist für mich in diesem Moment die richtige?«
- Entspann dich und richte deine Aufmerksamkeit auf deine beiden Hände. Wiegt eine Hand mehr als die andere? Senkt sich eine Faust tiefer oder fühlt sich plötzlich schwerer an? Bewegt sich eine Hand nach oben?
- Achte darauf, was du spürst. Vielleicht beginnt ein Arm plötzlich zu schmerzen und der andere nicht.
- Du wirst instinktiv begreifen, welche der Entscheidungen leichter bzw. schwerer wiegt und welche die richtige für dich ist.

Asteria

Griechische Göttin der Sternschnuppen

GABEN

Wissen, Erleuchtung, Weissagung, Klarheit

»DIE STERNENUMKRÄNZTE«

Es war einmal eine Göttin, die leuchtete so hell, dass einzig und allein die Sterne ihrem Glanz gleichkamen. Ihre atemberaubende Schönheit verzauberte Götter und Menschen gleichermaßen. Ihre Haare fielen in Locken herab, ihre Augen schimmerten sternengleich, und wenn sie lächelte, war es, als leuchte ein Komet am Nachthimmel auf. Um ihr Haupt wand sich ein Sternenband, und wer zu ihr aufblickte, wurde in ihren Bann gezogen.

Ihr Name lautete Asteria, die Sternenumkränzte. Sie war Tochter von Phoebe und Coeus und Enkelin des großen Gottes Uranos. Asteria gehörte zu den ersten Gottheiten im griechischen Pantheon – und während die anderen Götter und Göttinnen mit ihrer Einmischung für Leid und Chaos unter den Menschen sorgten, saß sie einfach nur auf ihrem Thron und schaute voll Bewunderung in den Nachthimmel. Bald schon erkannte sie, welche Macht in den Sternen verborgen lag: Asteria griff nicht direkt in das Leben der Menschen ein, doch mithilfe der Sterne konnte sie auf deren Schicksal Einfluss nehmen.

Sie liebte jede einzelne der zahllosen Sternenkonstellationen, formte diese in ihrem Geist zu Bildern und erfand als begabte Erzählerin Geschichten dazu. So wurde sie immer vertrauter mit der Astrologie und dem Einfluss der Planeten auf die Erde, der ihr machtvoller erschien, als Blitze zu schleudern oder Liebespfeile zu schießen. Die Sterne konnten das Schicksal eines Menschen verändern! Und so wurde der Himmel zu Asterias Garten. Wenn sie ihn durchstreifte, folgten ihr Myriaden von Sternschnuppen.

Kein Wunder, dass sie eine Menge Aufmerksamkeit auf sich zog. Alle Götter verzehrten sich nach dieser sternenumkränzten Schönheit. Doch ihr Herz gehörte einzig und

allein dem Titanen Perses. Ihre gemeinsame Tochter Hekate war wie Asteria an der Kunst des Wahrsagens interessiert. Mutter und Tochter tauchten zusammen in die Welt der Vorhersehung ein und sagten die Schicksale der Menschen voraus.

Doch obwohl Asteria mit dem Titanen Perses verbunden war, gab es Götter, die weiter um sie buhlten. Einer davon war Zeus. Er war hingerissen von ihrer himmlischen Erscheinung und konnte seinen Blick nicht von ihr lassen. Toll vor Begehren, verfolgte er sie über den Himmel. Bei der wilden Verfolgungsjagd zerriss er Wolken, warf mit Blitzen um sich und verursachte heilloses Chaos.

Zum Glück war Asteria zu schnell für ihn. Sie wollte keinem der Götter gehören, denn sie wusste, dass diese ihr die Leuchtkraft rauben und alle Sterne auslöschen würden. Deshalb nahm sie ihr Schicksal in die eigene Hand und verwandelte sich in eine Wachtel. Doch der winzige Vogel war nicht für das Reich der Götter geschaffen: In rasender Geschwindigkeit stürzte er hinab zum Ozean. Asteria drohte der Tod durch Ertrinken – oder noch schlimmer: der Fall in die Arme Poseidons, der ebenfalls ihrem Zauber erlegen war.

Die Göttin war verzweifelt: »Was kann ich tun? Ich kann nicht in meinem geliebten Sternenhimmel bleiben, im Ozean würde ich ertrinken, und wenn ich einem der Götter nachgebe, so bin ich auf immer gefangen.

Also verwandelte sie sich erneut und wurde zu der Insel, die wir heute als Ortygia oder Wachtelinsel kennen. Sie beschloss: »Hier bleibe ich, mitten in der Aegaeis, und kein Mann wird mich je besitzen!«

Später nannten die alten Griechen die Insel Delos und widmeten sie Asteria, die einst denen, die ihren Segen erbaten, das Schicksal aus den Sternen gelesen hatte. So wurde Delos zu einem heiligen Ort. Die Menschen kamen auf die Insel, um im Traum Orakel zu hören und ihr Schicksal mit deren Hilfe in die eigene Hand zu nehmen. Alle ließen sich von der Schönheit der Insel verzaubern und brachten der sternenumkränzten Asteria in ihrem Tempel Opfer dar. Auch wenn die Göttin nicht mehr am Himmel strahlte, überdauerte sie als leuchtender Stern in den Herzen und Erinnerungen der Menschen.

AFFIRMATION

»Ich bringe Licht auf meinen Weg und finde den Pfad durch die Dunkelheit.«

RITUAL

Schnell wie eine Sternschnuppe bewegt sich Asteria über den Nachthimmel und nimmt ihr Schicksal in die eigene Hand. Egal ob sie von Göttern verfolgt wird oder die Schicksale der Menschen bestimmt: Sie geht ihren eigenen Weg und vertraut darauf, dass das Licht in ihr sie nach Hause führen wird.

Dieses Ritual beruht auf dem Sternenhimmel. Es hilft dir, deinen Geist zu beruhigen, sodass du günstige Aspekte erkennst und von positiver Energie durchdrungen wirst.

- Wähle eine klare Nacht, in der du die Sterne von deinem Fenster aus beobachten kannst.
- Atme langsam und lange ein, zähle bis vier und atme dann aus. Zähle wieder bis vier.
- Wiederhole diesen Atemrhythmus in immer längeren Takten und werde dabei immer langsamer. Atme so lange weiter, bis du dich ruhig fühlst.
- Blicke nun entspannt hinauf zum Himmel und achte auf die Sterne, die über dir leuchten. Konzentriere dich auf einen der Sterne – das kann der größte und hellste sein oder ein anderer, der deinen Blick fängt.
- Stelle dir vor, dass sich ein Strom aus Licht von diesem Stern aus bis zu deinem Kopf ergießt und sich mit dir verbindet.
- Auf diese Art sendet dir der Stern Licht und Energie.
- Schau auf das Licht, das pulsierend den Himmel entlangwandert.
- Spüre, wie es deinen Kopf berührt und dich mit stärkendem Licht erfüllt.
- Schließe die Augen und lass dich vom Sternenlicht durchdringen.
- Stelle dir vor, wie dein ganzer Körper von oben bis unten leuchtet.

Fortuna

Römische Göttin des Glücks und des Schicksals

GABEN
Fülle, glückliches Schicksal, Dankbarkeit, Gnade

»DAS SCHICKSAL DES BAUERN«

Es war einmal ein missgünstiger, verbitterter Bauer, der nie bereit war, anderen zu helfen. Den Wohlstand seiner Felder behielt er für sich, und obwohl er reiche Ernte einfuhr und seine Kühe Milch in Fülle gaben, schenkte er den Armen und Bedürftigen nichts von seinem Überfluss. Er dachte, der Segen der Götter gelte ihm allein. Jeden Abend betete er zu den Göttern, vor allem zur Göttin Fortuna, damit sie ihm weiterhin seinen Wohlstand sicherten.

In Wahrheit wusste er jedoch nichts vom Wesen der Gottheiten, und es interessierte ihn auch nicht. Er betete, damit er reich beschenkt wurde – aber im Herzen waren ihm die Überirdischen egal, und er verspürte auch keine echte Dankbarkeit.

Die Götter kümmerten sich nicht weiter um ihn, lediglich Fortuna hörte seine Gebete und spottete jeden Abend: »Hört ihr, wie er mir schmeichelt? Nichts als honigsüße Heucheleien! Was er wohl sagt, wenn sich sein Schicksal zum Schlechten wendet?«

Doch selbst die Glücksgöttin konnte nicht nach Belieben eingreifen: Ihre Kräfte wirkten unvorhersehbar, sie hatte kaum Einfluss darauf. Um den Menschen die Unwägbarkeit des Schicksals zu verdeutlichen, erschien sie oft auf einem Ball balancierend. Je nachdem, wie der Ball sich bewegte, konnte sie die Balance halten oder eben nicht. Nicht alle verstanden, dass Fortuna so gut wie keinen Einfluss auf das menschliche Schicksal hatte, und flehten sie um eine günstige Wendung an.

So auch der Bauer. Jeden Abend betete er in dem Glauben, einer von Fortunas Günstlingen zu sein. Umso größer war sein Entsetzen, als sein Schicksal von einem Tag auf den anderen kippte.

Zuerst verschwand sein bestes Pferd. Dann verdarben seine Feldfrüchte. Die Milch, die er zum Markt brachte, wurde sauer. All seine Mühen waren umsonst gewesen. Die paar Feldfrüchte, die er hatte retten können, brachten ihm keinen Pfennig.

Am Abend rief er Fortuna an: »Hehre Göttin, warum lässt du mich im Stich? Was muss ich tun, um deine Gunst zurückzugewinnen?«

Da erschien Fortuna ihm in einer Vision. Sie stand auf einem riesigen Ball. Der Bauer missdeutete diese Vision und glaubte, sie sei ein Zeichen, wie er sein Schicksal wieder zum Besseren wende könne.

»Ich verstehe«, rief er, »so also soll ich meine Liebe zu dir zeigen!«

Am nächsten Tag besorgte er sich einen riesigen Ball, legte diesen auf den Marktplatz und stieg darauf. Den ganzen Morgen verbrachte er wackelnd und schnaufend auf dem Ball. Das Spektakel ließ die Dorfleute in Scharen herbeiströmen. Sie lachten darüber, wie sich der alte Geizhals und Griesgram zum Gespött machte. Einer der Dörfler gab dem Ball einen Tritt, sodass dieser einen Satz machte. Alle lachten noch mehr, und als der Bauer vom Ball fiel, konnte man das Gelächter meilenweit hören.

Niedergeschlagen und voller blauer Flecken machte der Verunglückte sich auf den Heimweg und bemitleidete sich selbst: »Fortuna, ich habe meine Liebe für dich auf die Art gezeigt, wie du es von mir verlangt hast – und das ist dein Dank!«

Da erschien ihm die Göttin erneut. Diesmal trug sie ein riesiges Füllhorn voll Obst, Gemüse und Goldmünzen. Wie zuvor sprach sie kein Wort, aber das war auch nicht nötig. Auch wenn der Bauer seine Selbstsucht noch nicht überwunden hatte, verstand er doch. »Jetzt weiß ich, wie ich deine Gunst zurückgewinnen kann!«, rief er. Was er nun tat, tat er widerwillig, aber in der Hoffnung auf eine Wendung seines Schicksals.

Am nächsten Tag lud er all seine irdischen Besitztümer samt den restlichen Feldfrüchten auf seinen Leiterwagen und brachte sie zum Marktplatz, sodass alle sich daran bedienen konnten. Die Dorfbewohner stopften ihre Taschen voll und rafften zusammen, was sie tragen konnten. Dabei kamen sie aus dem Staunen nicht mehr heraus: Was war mit dem Geizhals geschehen? Doch ihre Verwunderung hielt sie nicht davon ab, alles bis auf den letzten Krümel mitzunehmen. Sie glaubten, nun seien sie selbst die von Fortuna Gesegneten.

Als der Bauer an diesem Abend heimkehrte, besaß er nichts mehr als die Kleider an seinem Leib. Er war allein – Familie und Freunde hatte er in all den Jahren durch sein unangenehmes Wesen vertrieben.

Endlich verstand er: Glück wurde einem nicht von den Göttern geschenkt. Es kam und ging, ohne dass irgendjemand es beeinflussen konnte. Alles, was blieb, war, dankbar zu sein, wenn das Glück kam, und sein Schicksal zu akzeptieren, wenn es wieder ging.

AFFIRMATION

»Ich heiße das Unerwartete willkommen.«

RITUAL

Fortuna besitzt als Göttin der Fülle durchaus Macht, doch kann sie den Lauf des Schicksals nicht bestimmen.

Sie beobachtet das Rad des Lebens und den Lauf der Dinge und lehrt uns, das Unerwartete willkommen zu heißen und im Fluss zu bleiben.

Dieses Ritual beruht auf einem von Fortunas wichtigen Symbolen, dem Füllhorn. Es hilft dir, positive Energie zu entfalten, Fülle in dein Leben zu ziehen und optimistisch in die Zukunft zu blicken. Bastele dir dein eigenes Füllhorn und lege die Dinge hinein, die dir wichtig sind. Das erinnert dich daran, dass dein Leben voller Glück ist – und damit erzeugst du noch mehr positive Energie.

- Suche nach einem Behälter (zum Beispiel Kiste, Schüssel, großer Teller), der dir gefällt, und bestücke ihn mit Dingen, die du liebst.
- Du kannst zum Beispiel Kristalle, Steine, Muschelschalen, Schneckenhäuser, aber auch Erinnerungsstücke wie Eintrittskarten oder Fotos von besonderen Anlässen verwenden.
- Lege auch einen Zettel mit deinen Lieblingszitaten und -gedichten sowie deinen Zukunftswünschen dazu.
- Du kannst auch kleine Erinnerungen notieren und im Füllhorn aufheben.
- Bewahre das Füllhorn sicher auf und ergänze deine Sammlung regelmäßig mit neuen Erinnerungen, sodass die positive Energie im Fluss bleibt.
- Gewöhne dir an, mindestens einmal in der Woche diese Sammlung durchzusehen, um dich immer wieder an die wundervollen Wendungen des Schicksals und deine bisherigen Abenteuer zu erinnern.

3 Feuer und Sonne

Die Göttinnen in diesem Kapitel haben eines gemeinsam: In ihnen brennt ein Feuer, und sie lassen ihr Licht auf ganz besondere Art leuchten. Manche von ihnen hüten das Licht der Sonne, andere das Feuer in Herd und Heim.

Und dann sind da noch die vulkanischen Schätzchen mit ihrem wilden und unvorhersehbaren Temperament, denen man lieber nicht im falschen Moment über den Weg läuft (wobei sie mit der gleichen Leidenschaft auch die Erde und das ihnen Anvertraute schützen).

Was alle Göttinnen in diesem Kapitel eint, ist ein gewisses Draufgängertum – diese Haltung ist ihnen allen gemeinsam, seien sie Hexen oder Kriegerinnen.

Sie zeigen uns, wie wir unsere Kräfte entfachen und unser Licht und unsere Liebe entzünden können. Sie helfen uns dabei, unsere innere Schönheit zu entdecken, Herausforderungen anzunehmen und unsere Stärken auszubauen. Ob am Kaminfeuer oder beim Sonnenbaden – sie wissen stets, wie sie den Funken in uns aufflammen lassen können.

Sunna

Nordische Sonnengöttin

GABEN
Freude, Entschlusskraft, positive Energie, Selbstwertgefühl

»TOCHTER AUS FEUER UND ASCHE«

Immer wenn du zur Sonne hinaufschaust, denk daran, dass sie für dich scheint. Dass sie jeden Tag eine lebensgefährliche Schlacht für dich schlägt. Die Sonne wärmt uns mit goldenen Strahlen und möchte, dass wir es ihr gleichtun. Denn nur wenn wir unser Licht leuchten lassen, können wir einen Funken entzünden.

Jeden Tag aufs Neue begibt sich die Sonne auf ihren Weg – verfolgt von einem Wolf. Wenn wir ihre Not wirklich verstehen wollen, müssen wir ihre Geschichte kennen.

Zu Anbeginn der Zeit wurde sie in Muspellsheim, dem Land des Feuers, aus Funken geboren. Damals, als der Riese Ymir fiel, herrschte dort, wo sich heute der Himmel wölbt, nichts als schwarze Leere. Ymirs Leichnam hätte für alle Zeiten im Äther bleiben können, doch die Götter hatten andere Pläne. Gemeinsam mit seinen Brüdern Vili und Ve entschied Odin, der Allvater, aus den Knochen des Riesen eine Welt zu erschaffen. Um Leben in diese Welt zu bringen, war Licht vonnöten. Also nahm Odin einen Funken, beugte sich zu ihm hinab und hauchte mit heiligen Worten Leben in ihn. So wurde die Göttin Sunna geboren.

Die aus Flammen und Asche entstandene Schönheit mit den goldenen Haaren entzückte Götter und Menschen gleichermaßen. Sunna genoss die Bewunderung, verlor dadurch jedoch nicht an Bodenhaftung. Sie kannte ihre Aufgabe: Jeden Tag mit dem Wagen über den Himmel fahren und die Feuerkugel am Brennen halten. Ihr war aber auch klar, dass ihr strahlendes Licht Raubtiere anlockte. In diesem Fall war das Böse, das im Schatten lauerte, der finstere Wolf Skoll. Sie fühlte seinen heißen Atem in ihrem Nacken und hörte das Knirschen seiner Zähne, manchmal schien es ihr sogar so, als könne sie sein struppiges Fell auf ihrer Haut spüren. Er wollte ihr Licht verschlingen und so

das Ende der Welt einläuten, doch das würde sie nicht zulassen.

Sie bat Odin, ihr bei der täglichen Flucht vor dem Untier zu helfen: »Ich brauche leichtfüßige Pferde, die in der Morgendämmerung aufsteigen, wie der Wind über den Himmel fegen und mich nie im Stich lassen.«

Daraufhin schenkte Odin Sunna zwei Zauberpferde – Alsvinn, das schnelle, und Arvak, das frühaufsteigende. Sie sollten die Göttin in ihrem Wagen sicher über den Himmel bringen und immer weiterfliegen, selbst wenn der Wolf ihnen auf den Fersen war – so schnell, dass er sie nicht erreichte und sie vor der Abenddämmerung zur anderen Seite gelangten.

Nicht jede hätte sich diesem nie endenden Kampf ausgesetzt. Denn Skoll würde niemals aufgeben. Seine Augen brannten rot und begehrlich, doch gelang es ihm niemals, die Sonnengöttin einzuholen – bis zu jenem schicksalhaften Tag:

Wie jeden Morgen begann die Jagd damit, dass Sunna zum Himmel aufstieg, dicht gefolgt von Skoll. Ihre Strahlen durchfurchten die Himmel und brannten ihr den Weg frei. Von der Erde sah das aus wie ein herrlicher Sonnenaufgang. Doch in Wahrheit war der Weg lang und beschwerlich, und während die Stunden dahintroffen, wurde der Wolf immer schneller. Er spürte, dass heute etwas anders war, dass es ihm heute gelingen könnte, ließ sich vom Wind vorantreiben und streckte seine Pranken aus, bis er Sunna beinahe erfasste. Mit einem übermächtigen Heulen riss er sein Maul weit auf und den Himmel in zwei Teile.

Sunna spürte, wie er über ihr dräute, und ihr wurde klar, dass es diesmal kein Entkommen geben würde. Grauen überkam sie: Ihr Licht würde erlöschen, sie hatte ihr Volk im Stich gelassen. Als der Wolf sein Maul wieder schloss, hatte er Sunna verschlungen. Der Tag wurde zur Nacht, und die Erde versank in Dunkelheit. Doch das war nicht das Ende der Geschichte.

Die treuen Pferde wollten Skoll nicht den Sieg überlassen. Mit all ihrer Macht entrissen sie ihm Sunna. Der Wolf versuchte sie zu halten, doch die Pferde waren stärker und rissen sie mit sich fort.

So wurde es am Himmel wieder hell. Die Welt war gerettet, und die Menschen, die das Spektakel mitangesehen hatten, waren Zeugen eines außergewöhnlichen Schauspiels geworden: einer Sonnenfinsternis. Aber du und ich wissen, was wirklich geschah. Wir wissen, dass es die Tochter aus Flammen und Asche mit ihren treuen Pferden war, die alles auf sich nimmt, damit unsere Welt im Licht erstrahlt.

AFFIRMATION

»Ich lasse mein Licht leuchten und entfache mein inneres Feuer.«

RITUAL

Die schöne Sunna weiß: Wir alle müssen unserer Bestimmung folgen.

Dafür müssen wir uns selbst lieben – dann können wir wie die selbstbewusste Göttin die Welt erhellen.

Dieses Ritual beruht auf dem strahlenden Licht der Sonne. Es verstärkt dein Strahlen und dein Selbstwertgefühl.

- Stelle dich draußen (oder alternativ vor dem Fenster) in die Sonne.
- Stelle dir vor, dass ein Band aus Licht deinen Solarplexus (das ist der Punkt direkt über deinem Nabel) dich mit dem Zentrum der Sonne verbindet.
- Mit jedem Atemzug nimmst du über dieses Band goldene Energie in deinen Solarplexus auf.
- Beim Ausatmen strömt diese Energie durch deinen gesamten Körper und erfüllt dich mit Lebenskraft und Selbstvertrauen.
- Atme weiter tief ein und aus und nimm dabei Sonnenenergie in dich auf. Stelle dir vor, wie die Sonne immer größer und strahlender wird, als würdest du sie mit dem Band näher zu dir heranziehen.
- Stelle dir am Ende des Rituals vor, dass du von Kopf bis Fuß in Sonnenlicht gehüllt bist.

Pele

Hawaiianische Göttin des Feuers, der Vulkane und des Tanzes

GABEN

Leidenschaft, Schutz, Freiheit, Ehrlichkeit

»DER TANZ DES LEBENS«

Bei ihrer Geburt auf der Insel Tahiti begrüßte Pele die Welt mit einem herrlichen, durchdringenden Schrei. Sie war die Tochter der Fruchtbarkeitsgöttin Haumea, und im Gegensatz zum Rest ihrer Familie hatte sie ein kämpferisches Herz und ein Feuer, das hell in ihr loderte. Sie war wild und frei und scherte sich nicht um Regeln oder Grenzen. Jeder Tag war für sie ein Abenteuer, eine Möglichkeit, ihren eigenen Weg zu gehen – und das tat sie ohne Bedenken oder Reue. Das heißt jedoch nicht, dass Liebe ihr nichts bedeutete. Im Gegenteil, sie bedeutete ihr beinahe etwas zu viel ... Sie wurde von ihren Leidenschaften getrieben. Hatte sie einmal ein Auge auf etwas geworfen, konnte sie ihren Blick nicht mehr abwenden. Wenn etwas ihr Interesse erregte, wurde es zur Obsession, und sie nahm nichts anderes mehr wahr. Und obwohl sie sich für vieles interessierte, so galt ihr Hauptinteresse doch der großen Liebe.

Anders als Pele suchte ihre Schwester Nāmaka nach Ruhe und Ausgleich. Sie war die Meeresgöttin und erfüllte ihre Aufgabe pflichtbewusst: Die Wasseroberfläche war stets ruhig, und darunter wimmelte es von Leben. Im ganzen Land war sie für ihre sanfte Schönheit bekannt, während Pele ihres feurigen Gemüts wegen oft ermahnt wurde. So kam es zwischen den Schwestern zu einem Konkurrenzkampf, der als freundlicher, spielerischer Wettstreit begann, aber immer heftiger wurde, zunächst wie ein reißender Fluss, dann wie ein sturmgepeitschter Ozean. Als Nāmaka sich mit dem schönen Zauberer ʻAukelenuiaʻīkū vermählte, flammte in Pele Eifersucht auf. War sie etwa nicht die eindrucksvollste Gottheit des Universums? Hatte sie nicht auch Aufmerksamkeit verdient?

Pele hatte nicht vorgehabt, Ärger zu machen, sie wusste

einfach zu wenig darüber, welche Auswirkungen ihre Taten auf andere haben würden. Für sie war das Leben ein Spiel, ein wilder Tanz. Und so verzauberten ihre wilden, sinnlichen Bewegungen 'Aukelenuia'ikū. Eine lodernde Affäre begann, und er schmolz in ihren Armen dahin.

Während die beiden noch in selbstvergessener Glückseligkeit schwebten, nahm das Unheil bereits seinen Lauf.

Peles Vater, der große Schöpfergott Kane Miloha'i, sah all dies und kochte vor Zorn. Er überschüttete seine Tochter mit Flüchen und schickte sie für ihr gedankenloses Verhalten ins Exil. Doch das reichte Nāmaka nicht. Wilde Wut stieg in ihr empor, und die einst ruhigen Wasser rissen auf, als sie ihrem Zorn freien Lauf ließ. Wohin auch immer Pele floh, Nāmaka folgte ihr. Dabei verursachte sie eine Überschwemmung nach der anderen, bis die ganze Erde unter Wasser stand. Nun entfesselte Pele ihre Feuerkraft und ließ die der Erde innewohnenden Flammen durch die Oberfläche brechen, sodass mächtige Lavagruben entstanden. Sie zog von Ort zu Ort, um einer endgültigen Verbannung zu entfliehen.

Ja, sie hatte sich von ihrem Begehren leiten lassen, aber was hatte das Leben denn für einen Sinn, wenn man es nicht lebte und genoss? Sie würde nicht klein beigeben.

Und so schaffte sich Pele einen Platz in der Welt, an dem ihr in Zukunft niemand etwas würde vorschreiben können. Auf einer Insel erschuf sie Krater und füllte sie mit der brodelnden Hitze ihrer Leidenschaft. Sie streifte über die Insel und machte sich jedes Staubkörnchen, jeden Felsbrocken und jeden Stein zu eigen. Es war ihr Hawaii, ihr Zuhause.

Auf ihrer Insel wählte Pele die hohen Berge von Mauna Loa als Wohnstatt. Von dort aus konnte sie ihre Schwester im Auge behalten und war doch außerhalb der Reichweite ihrer Wellen. Pele war jetzt frei und in Sicherheit. Ihre Zufluchtsinsel bedeutete ihr mehr als alles andere. Sie hatte ihre frühere Leidenschaft nun gegen diese Leidenschaft ausgetauscht. In ihrem Zuhause fand sie Stärke und Ehre.

Für sie war jedes Sandkorn wertvoll, sie sorgte sich um jeden Felsen und jeden Erdbrocken. Wenn ein Mensch es wagte, etwas von ihrem Ort zu stehlen, musste er ihr Feuer fürchten, doch die Menschen, die mit Respekt und Liebe handelten, wurden von ihr beschenkt. Diejenigen, die ihrem Herzen folgten und leichtfüßig zur Melodie ihrer Träume tanzten, nahm Madame Pele (wie sie genannt wurde) bei der Hand und zog sie in eine warme Umarmung.

AFFIRMATION

»Ich folge meiner Leidenschaft, bin ehrlich und mir selbst treu.«

RITUAL

In der stolzen, leidenschaftlichen Pele brennt ein wildes Feuer.

Sie fühlt und liebt von ganzem Herzen und beschützt die, die sie liebt. Furchtlos vertritt sie ihren Standpunkt, ist dabei stets ehrlich und sich selbst treu. Sie hilft dir, deine Stärke zu entfalten und in schwierigen Situationen selbstsicher zu bleiben.

Dieses Ritual basiert auf dem Element Feuer. Es entfacht deine Leidenschaft und deinen Mut.

- Denke an eine Situation, die dir Angst macht. Male dir das nicht episch aus, sondern denke einfach nur daran.
- Sage laut und leidenschaftlich »Das schaffe ich!«, selbst wenn dir gar nicht danach ist.
- Atme nun tief ein und aus und reibe mindestens eine Minute lang deine Handflächen aneinander, bis sie warm sind.
- Nimm deine Hände dann leicht auseinander und spüre dabei die Energie, die du erzeugt hast.
- Stelle dir diese Energie als Feuerball vor, den du in beiden Händen hältst. Ziehe den Ball zu dir, bis er immer größer wird und du dich vollständig in einer Feuerblase befindest.
- Atme tief ein und lass dich von den Flammen verschlingen.
- Stelle dir vor, wie heiße Lava durch deine Adern fließt und dich mit Leidenschaft und Stärke füllt.
- Schwelge ein paar Minuten lang in diesem Gefühl. Mache dir bewusst, dass du mächtig und geschützt bist. Jegliche negative Energie, die auf dich gerichtet ist, wird von den Flammen aufgehalten.
- Führe dieses Ritual immer dann durch, wenn du dich verletzlich fühlst.

Vesta

Römische Göttin des Heimes und des Herdes

GABEN
Großzügigkeit, Konzentration, Familie, Fülle

»UND ALLES NUR, WEIL SIE SICH KÜMMERTE …«

Vor den Göttern des römischen Pantheons beherrschte eine Gruppe machthungriger Titanen die Welt, deren Liebe und Kabale denen der Götter ähnelten. Kronos, der Anführer der Titanen, wachte so eifersüchtig über seine Herrschaft, dass er jedes Kind verschlang, das seine Frau Rhea ihm gebar. Denn in seiner Paranoia hatte er Stimmen in seinem Kopf vernommen, die ihn vor einem Verrat durch seine Nachkommen warnten und ihn dazu trieben, sie alle zu töten, um seine Herrschaft aufrechtzuerhalten.

Seine Erstgeborene, Vesta, war ein schönes, großherziges Kind. Sie war die Erste, die Kronos verschlang, doch ihr Leben sollte nicht in seiner Magengrube enden. Ihrem listigen Bruder Jupiter gelang es später nämlich, seine Geschwister zu befreien, und da Vesta als Erste verschlungen worden war, kam sie nun als Letzte wieder ans Tageslicht. Aus diesem Grund gilt sie sowohl als älteste als auch als jüngste der Gottheiten.

Vesta war schön von Gestalt und Angesicht und hatte zahlreiche Verehrer, darunter Apollo und Neptun. Nur interessierte sich Vesta nicht für Tändeleien: Ihr Herz gehörte ihrer Familie, und ihr Sinn stand ihr nach Heim und Herd, denn das hielt sie für das Wichtigste im Reich der Götter. Sie wollte allen einen sicheren Hafen bieten, einen Ort der Geborgenheit und Fülle, an dem sie zusammenkommen und zusammenwachsen konnten.

Doch die Götter, beherrscht von ihren Lüsten, ihrer Eifersucht und ihrem Machthunger, kannten nichts als Zank, ihre Missgunst braute sich zusammen wie ein Gewittersturm.

»Warum macht ihr das?«, fragte Vesta ihren Bruder Jupiter. »Ich verstehe nicht, was das Ganze soll.«

»Das liegt daran, dass du ein freundliches Herz hast«, antwortete er, »das unterscheidet dich von den anderen. Die

kümmern sich alle nur um sich selbst. Jeder von ihnen will die Macht an sich reißen.«

Vesta seufzte: »Dann werde ich alles tun, um für Frieden zu sorgen. Ich werde nicht heiraten, denn so muss ich mich für keinen der Götter entscheiden und die anderen vor den Kopf stoßen. Ich bleibe bei dir und kümmere mich um dein Zuhause, sorge dafür, dass ein Feuer im Herd brennt und frisches Brot auf den Tisch kommt. Ich schaffe einen Ort, an dem alle zusammenkommen und ihren Streit beilegen können. Ich sorge dafür, dass es immer ein Zuhause gibt, in dem ein warmes Herdfeuer brennt.«

Diesen Vorsatz setzte sie mit Leidenschaft um: Sie hielt das Haus sauber und gemütlich. Alle sollten sich willkommen fühlen. Doch die Gottheiten kamen nicht. In ihrer Machtgier und Feindseligkeit merkten sie gar nicht, dass sie in Wirklichkeit Einigkeit und Familie brauchten.

Vesta litt, aber sie gab nicht auf. »Ich schaffe einen Ort mit einem warmen Herd, einen Ort der Fülle und Geborgenheit, zu dem sich jeder hingezogen fühlt.«

Und so entzündete sie den Funken, der bald zu einem wärmenden Feuer heranwuchs, das sie mit ihrer ganzen Macht nährte. Ihre Zauberkräfte ließen die goldgelben Flammen im Herd wie ein Leuchtfeuer auflodern, das Wärme und Harmonie aussandte.

Plötzlich kamen die Götter herbei wie Motten zum Licht: Einer nach dem anderen stellten sie ihre Streitigkeiten ein, kamen zu Vestas Haustür, säuberten sich die Füße an der Fußmatte, neigten ihren Kopf als Zeichen des Respekts und traten ein. Sie begriffen nicht, was genau sie anzog, doch je wärmer es wurde, umso stärker wurde ihr Verlangen, einander die Hände zu reichen, das Brot zu teilen und gemeinsam Wein zu trinken. Bald schon waren sie ins Gespräch vertieft, erzählten einander die Geschichten ihrer Siege und sprachen sich gegenseitig Mut zu. Sie lachten herzhaft über die Witze ihres Gegenübers, boten einander Unterstützung an, hielten sich an der Hand, umarmten sich oder lächelten sich einfach an. Sie waren wieder eine Familie, eine enge Gemeinschaft, die glücklich war, beisammen zu sein.

Vesta lächelte: »Wo auch immer ein Herdfeuer brennt, an dem sich Familie und Freunde versammeln können, da ist ein Zuhause.«

Die Menschen im alten Rom sahen das genauso: Nichts war wichtiger als ein warmer Herd und die herzliche Gemeinschaft der Familie. So wurde die schöne, jungfräuliche Vesta zu einer der mächtigsten und wichtigsten Gottheiten dieser Zeit – und alles nur, weil sie sich kümmerte.

AFFIRMATION

»Ich will den Menschen, die mir begegnen, mit großzügigem Herzen Wärme schenken.«

RITUAL

Jeden Tag beteten die Menschen zu Vesta, die ein Herz aus Gold und die Macht des Feuers besaß. Sie hielt das Herdfeuer am Leben und schützte die Familien. Auch das Brotbacken gehörte zur Aufgabe dieser Göttin der Fülle und des Wohlstands. Liebevoll half sie den Menschen, ihr Schicksal zum Guten zu wenden.

Dieses Ritual beruht auf dem Element Feuer. Es hilft dir dabei, Fülle zu manifestieren und dich geborgen und geliebt zu fühlen.

Du benötigst eine feuerfeste Schale, Streichhölzer, Papier und einen Stift.

- Denke zunächst an Situationen, in denen du dich verletzlich fühlst – vielleicht bist du unsicher, wenn du neue Leute triffst oder im Zentrum der Aufmerksamkeit stehst.
- Fasse deine Gedanken in ein paar Worten auf einem kleinen Stück Papier zusammen.
- Falte das Papier und zünde es mit dem Streichholz an.
- Wirf das brennende Papier in die feuerfeste Schale und sieh dabei zu, wie sich deine Unsicherheit in Rauch auflöst.
- Überlege nun, von was du gerne mehr in deinem Leben hättest – vielleicht mehr Möglichkeiten zur Weiterentwicklung oder mehr Wohlstand.
- Fasse das wieder in ein paar Worten auf einem Stück Papier zusammen.
- Falte und verbrenne dieses Papier ebenfalls in der feuerfesten Schale. Beobachte den aufsteigenden Rauch und sprich die Worte: »Das Schlechte verbrannte, und frohen Mutes hoff' ich auf Vesta und Fülle und Gutes.«
- Wenn alles verbrannt ist, wirf die Asche weg und wiederhole die Affirmation.

Inanna

Sumerische Göttin der Liebe, der Fruchtbarkeit und der Sinnlichkeit

GABEN

Ausgeglichenheit, Beharrlichkeit, Einheit, Liebe

»DIE KÖNIGIN VON HIMMEL UND ERDE«

Tief unter unserem Wissen verborgen liegt das Reich des Unbewussten, das die Sumerer Unterwelt nannten. Manche hielten es für ein Land der Schatten, in das die Seelen der Toten gesandt wurden, andere zeichneten ein helleres Bild, auf dem eine andere Seite dieser unsichtbaren Welt zum Vorschein kam.

Die meisten Gottheiten hielten sich von der Unterwelt fern, doch die Göttin Inanna (manche nannten sie auch Isthar) wagte es, die Grenze zu überschreiten und das unbekannte Land zu erforschen.

Für Inanna, die Hochkönigin von Himmel und Erde, war die Liebe das Wichtigste. Sie genoss ihre Listigkeit und die Zuwendung ihrer zahlreichen Liebhaber. So kam es, dass sie zur Göttin der Liebe, der Sinnlichkeit und Fruchtbarkeit wurde, an die sich Bräute in ihrer Hochzeitsnacht wandten.

Wie die Liebe selbst hatte diese Königin noch eine andere, eine weniger erfreuliche Seite: Sie war auch die Göttin des Krieges.

Egal ob große Reiche aufeinandertrafen oder zwei Liebhaber – immer hatte sie ihre Hände im Spiel, und nichts bereitete ihr größeres Vergnügen, als Konflikte anzuheizen.

Doch wollen wir sie nicht in Bausch und Bogen verurteilen: Es kann manchmal langweilig werden zwischen Himmel und Erde, und Inanna sehnte sich nach Abenteuern.

So beschloss sie, ihrer frisch verwitweten Schwester im Reich der Toten einen Besuch abzustatten. Doch wer Inanna kannte, wusste, dass mehr dahintersteckte als ein Kondolenzbesuch. Als ihre Schwester Ereshkigal von Inannas Plänen erfuhr, ließ sie alle sieben Tore der Unterwelt verriegeln und gab die strenge Anweisung, dass Inanna nur dann Eintritt gewährt werden dürfe, wenn diese etwas von sich selbst opfere.

Inanna kam im königlichen Ornat, samt Himmelskrone, goldenem Ring, Perlen, Zepter, Brustpanzer und Hoheitsstab. Die Aufmachung war wenig reisetauglich, aber Adel verpflichtet.

Laut klopfte sie an die Tore der Unterwelt und rief: »Lasst mich ein! Ich bin Inanna, die Königin von Himmel und Erde.«

Als keiner öffnete, flammte heiße Wut in ihr auf. Sie begann, den Wächtern Geschenke anzubieten – einen Ring, Perlen, ihr Zepter, ihren Brustpanzer, ihren Stab und letztendlich sogar ihre Himmelskrone –, und gelangte so bis zum letzten Tor, das direkt in die Unterwelt führte. Um auch dort Eintritt zu erhalten, gab sie den Wächtern das Letzte, was sie noch bei sich hatte, nämlich die Kleider, die sie auf dem Leib trug.

Ereshkigal, die Göttin der Unterwelt, amüsierte sich köstlich. Nichts anderes hatte sie von ihrer hartnäckigen Schwester erwartet. Doch weil sie Inanna niemals gewinnen lassen würde, bedachte sie sie mit ihrem »Blick des Todes«, sodass ihr Herz aussetzte und sie leblos zu Boden sank.

Das war ein abruptes Ende für die Königin des Himmels – aber es war nicht das Ende ihrer Geschichte. Denn die listenreiche und stets vorbereitete Göttin hatte ihren Untergebenen für einen solchen Fall strikte Anweisungen hinterlassen. Mithilfe von Inannas Vater, dem Gott Enki, gelang es den Dienern, den Leichnam der Göttin aus der Unterwelt zu bergen und mit dem Wasser des Lebens auferstehen zu lassen. Sie erhob sich vom Totenbett wie Phönix aus der Asche. Manche sagen, sie sei danach noch schöner und gefährlicher gewesen.

Doch wie bei allen Dingen, so besteht auch zwischen Leben und Tod ein Gleichgewicht, und das war Inanna bewusst. Wenn eine Seele vom Tod ins Leben zurückkehrt, muss das Gleichgewicht wiederhergestellt werden, sonst wird die Grenze zwischen Himmel und Erde aufgehoben und Chaos bricht aus. Es musste also jemand an ihrer statt ins Totenreich geschickt werden – nur wer?

Das Schicksal bot ihr die perfekte Antwort: Als sie in ihren Palast zurückkehrte, fand sie ihre Kinder und Freunde immer noch in Trauer vor. Aus Verzweiflung über ihren Tod hatten sich alle in Sackleinen gehüllt – bis auf ihren Liebhaber Dumuzi, der in seinen kostbarsten Gewändern auf ihrem Thron feierte. Zur Strafe warf Inanna ihn in die Unterwelt, wo er büßen sollte.

Es wird gemunkelt, dies sei von Anfang an der Plan gewesen, aber das werden wir wohl nie mit Sicherheit wissen. Es ist töricht, die Götter infrage zu stellen und tollkühn eine liebende Frau herauszufordern – vor allem, wenn diese Frau die Königin des Himmels und der Erde ist.

AFFIRMATION

»Es ist immer der richtige Zeitpunkt dafür, das Gleichgewicht wiederherzustellen.«

RITUAL

Inannas Abstieg in die Unterwelt sorgt für Ärger und endet katastrophal, doch ihre Voraussicht führt dazu, dass sie wiedergeboren wird und Frieden findet. Die Geschichte zeigt, wie wichtig Beharrlichkeit und Ausgleich sind – auch in schweren Zeiten.

Dieses Ritual ist von Inannas Opfergaben an den sieben Toren inspiriert. Es hilft dir, Ruhe und Ausgeglichenheit zu finden.

Du benötigst einen dir kostbaren Gegenstand – ein Schmuckstück, das dir etwas bedeutet, oder ein Souvenir, das dich an glückliche, friedliche Zeiten erinnert.

- Suche dir einen ungestörten Ort, an dem du dich wohlfühlst.
- Zünde eine weiße Kerze an (sie steht symbolisch für das Licht in der Unterwelt).
- Atme tief ein und aus, bis dein Geist ruhig ist, und halte dabei den Gegenstand in beiden Händen. Schließe die Augen und spüre beim Einatmen den Gefühlen nach, die du damit verbindest. Erwecke diese Erinnerungen in deinem Geist zum Leben und genieße das Gefühl des Friedens, das du damit verbindest.
- Lege den Gegenstand dann vor die Kerze und sage: »So wie die Kerze im Dunkeln ein Licht sei dies ein Amulett für mich. Den Weg zeige es mir Tag für Tag, der Harmonie und Frieden bringen mag.«
- Lass die Kerze herunterbrennen und nimm den Gegenstand immer in die Hand, wenn du nach innerem Frieden suchst.

Brigid

Keltische Göttin des Feuers und der Heilung

GABEN
Heilung, Inspiration, Wiedergeburt, Weisheit

»DIE STRAHLENDE«

Wenn am ersten Tag des Frühlings die Sonne aufgeht und sich neues Leben im Schoß der Erde regt, kannst du ihre Nähe spüren.

Wie eine sanfte Brise berührt dich ihre heilende Hand, und wenn sie den Arm um dich legt, fühlst du dich beschwingt und zu allem bereit. Sie ist Brigid, die Göttin der Heilung und der Inspiration, deren schöpferische Macht im Frühling ihren Höhepunkt erreicht.

Brigid ist eine Tochter der Túatha Dé Danann, eines zauberischen Volks, das in den geheimnisvollen Ländern des Westens lebt. Ihre Eltern, Dagda und Danu, waren die Anführer dieses Volks. Brigid wurde zu Sonnenaufgang geboren, was die feurige Farbe ihres endlos langen Haars erklärt. Und so wie die Sonne wohltuend oder verheerend sein kann, war auch Brigid eine Frau voller Gegensätze: Sie konnte von ganzem Herzen lieben, doch wenn jemand ihren Zorn erregte, loderte ihre Wut auf wie eine wilde Flamme.

Die vom Feuer beseelte Brigid begeisterte sich für Herd und Schmiedekunst und erhielt den Beinamen »Brigid, die Strahlende«. Doch auch das Wasser zog sie an, und sie machte Flüsse, Ströme und heilige Quellen zu ihrem Zuhause. Die Menschen kamen in Scharen zu diesen Orten, in der Hoffnung, sie dort anzutreffen.

Wer sie in ihrer mädchenhaften Gestalt erblickte, konnte – abhängig von ihrer Laune – auf ein Geschenk hoffen. Manche fühlten sich wie neu geboren und voller Begeisterung, andere wiederum gewannen lebensverändernde Einsichten. Doch so großzügig Brigid auch war, so sehr hasste sie Menschen, die sich für etwas Besseres hielten. Die folgende Geschichte kann diesen als Warnung dienen:

Es waren einmal zwei Bettler. Der erste war ein freundlicher, an Lepra erkrankter Mann, der andere ein verschlage-

ner Dieb. Beide kamen zu Brigids heiliger Quelle in Irland, die als zauberkräftig und segensreich galt. Der erste Bettler erwartete weder Heilung noch ein Geschenk, sondern erhoffte sich nur einen Moment der Ruhe und Erholung von seinen Schmerzen. Der zweite hingegen wollte der Göttin ein Lügenmärchen auftischen, um sich so Reichtum zu erschleichen.

Zufällig erreichten beide die Quelle zur gleichen Zeit – genau in dem Moment, in dem Brigid dort erschien.

Der zweite Bettler, der stärker war als der erste, drängelte sich mit seinem Becher in der Hand zur Göttin vor, um ihr seine Wünsche mitzuteilen, während der erste Bettler respektvoll sein Haupt senkte, sodass sich sein versehrtes Antlitz im Wasser spiegelte.

Brigid lächelte und malte mit dem Finger Wellenkreise in die dunkelblauen Tiefen, die sich ausbreiteten wie das von der Göttin ausstrahlende Licht.

Das Wasser leuchtete durch Brigids heilende Kraft auf, die Haut des Leprakranken heilte, und sein Antlitz gewann seine alte Schönheit wieder.

Unter Freudentränen blickte der Bettler auf seinen Körper und rief: »Du hast mich geheilt, wie kann ich dir jemals danken?«

Brigids Antwort füllte sein Herz mit Freude: »Dein Äußeres ist nun ein Spiegel deines Herzens. Lebe ein gutes, vernünftiges Leben. Sei glücklich. Das ist mir Dank genug.« Der Mann nickte und fiel vor Freude schluchzend vor ihr nieder.

Da versuchte der zweite Bettler, der Verschlagene, ihre Aufmerksamkeit auf sich zu ziehen. Mit beiden Händen wedelte er vor ihrem Gesicht herum und forderte: »Sei gegrüßt, Brigid, du Wundervolle, Schöne, Strahlende, die ich so verehre! Ich flehe dich an, segne auch mich mit deinem Zauber, so wie ich es verdient habe.«

»Das werde ich«, sagte die Göttin lächelnd und tunkte seine Finger in die Quelle. Doch nichts Wunderbares geschah ihm – stattdessen veränderten sich seine Haut und seine Glieder unheilvoll. Entsetzen überfiel ihn.

»Was geschieht mit mir?«, keuchte er. »Was hast du getan?«

»Nur das, worum du mich gebeten hast«, antwortete Brigid unschuldig. »Du hast bekommen, was du verdienst. Deine Respektlosigkeit und Bosheit sind in diesen Zauber eingeflossen. Dein Äußeres spiegelt jetzt dein Inneres wider.«

»Wie konntest du mich zu einem Leprakranken machen?«, schrie er.

Brigid schaute ihn einen Moment lang schweigend an und erwiderte dann: »Wenn du dein Inneres änderst, wird dein Äußeres sich ebenfalls ändern.«

Damit wandte sie sich um und verschwand. So wie der Frühling in den Sommer übergeht und der Kreislauf der Jahreszeiten fortschreitet, kehrte die strahlende, Herdfeuer und Inspiration entfachende Göttin zurück zur Erde, bereit für ihre Wiedergeburt.

AFFIRMATION

»In mir brennt das Feuer der Begeisterung.«

RITUAL

Die vielseitige Brigid hilft Menschen in vielerlei Bereichen, auch wenn alle Aspekte ihres Wirkens auf ihrer Schöpfungskraft beruhen – ob sie nun neues Leben erschafft, das Feuer in der Esse entfacht oder Dichtern und Künstlern Inspiration schenkt. Die höchste Verehrung erfährt Brigid jedoch ihrer heilenden Kräfte wegen, die auch Verwandlung herbeiführen können.

Dieses Ritual vereint die Elemente Feuer und Wasser. Es hilft dir, Körper und Geist zu heilen und zu reinigen.

Du benötigst ein Duftlämpchen, etwas Wasser, Orangenöl und ein Teelicht. Die Orange steht für die Kraft der Sonne und das Element Feuer.

- Gieße etwas Wasser in die Schale des Duftlämpchens und zünde das Teelicht darunter an. Gib dann drei bis vier Tropfen Duftöl in das Wasser.
- Schließe die Augen und atme tief den süßen Duft ein. Entspanne beim Ausatmen deinen ganzen Körper. Spüre, wie deine Gliedmaßen sich lockern, und lass alle Schwere von dir abfallen.
- Stelle dir vor, wie der Duft des Orangenöls mit jedem Atemzug das Energiefeld rund um deinen Körper mit Lebenskraft durchdringt. Er reinigt Körper und Geist, vertreibt negative Energie und erfüllt dich mit Freude.
- Du kannst dieses Ritual intensivieren, indem du das Orangenöl deinem Vollbad hinzufügst und das Aroma beim Baden tief einatmest.

Kali

Hinduistische Göttin der Zeit und des Todes

GABEN
Veränderung, Wahrnehmung, Intuition, Neuanfang

»IN DIE SICH DER TOD VERWANDELT«

Es war einmal eine Göttin namens Kali, die von vielen missverstanden wurde. Sie war so mächtig, dass sie sogar die Zeit beherrschte. Trotz ihrer göttlichen Natur glich Kali äußerlich einem Dämon. Sie war Erdmutter und Kriegerin, gefährlich und liebevoll zugleich und vereinte in sich so viele Aspekte, dass man sie weder als gut noch als böse bezeichnen konnte. Ihre Anhänger wussten: Sie war beides, und das machte sie zu einer starken und ganz besonderen Göttin.

Aber so furchteinflößend ihre Erscheinung auch war: Gefahr drohte aus ganz anderer Richtung. Wie oft lassen sich Menschen von Äußerlichkeiten täuschen und halten jemanden mit schönem Gesicht für gut und freundlich. Kali hingegen wurde wegen ihres dämonischen Aussehens oft für böse gehalten.

Es kam zwar vor, dass die wilde und schreckliche Göttin in Zorn gegen jemanden entbrannte, doch dies geschah nur, wenn derjenige ein übles Herz hatte. Wenn Kali strafte, dann wollte sie damit meist eine Veränderung in dem Bestraften bewirken, sein Bestes hervorbringen (ähnlich wie man abgestorbene Zweige abschneidet, damit neue, frische Triebe wachsen können). Auch Veränderung ist eine Art Tod, doch es ist die Art, die einen Neubeginn ermöglicht. Kali erkannte, dass Veränderung aus Schmerz geboren wird – und anders als die meisten Gottheiten wusste sie, wie schwer das Leben der Sterblichen war. Sie hatte es sich zur Aufgabe gemacht, die Menschen zu beschützen und sie von überflüssigem Ballast und allem, was sie zurückhielt, zu befreien.

Kalis Ursprung geht auf die große Schlacht der Göttin Durga gegen die Dämonen zurück. Als der Zorn Durgas aufflammte, entsprang Kali diesen Flammen und besiegte

den Büffeldämon. Sie war es, die in dieser Schlacht die Wendung und Rettung brachte: Ihre schwarzblaue Haut und ihre drei wilden Augen versetzten die Herzen der Dämonen in Angst und Schrecken. Auch mit ihrem Gürtel aus abgeschlagenen Armen, ihrer Kette aus Schädeln und ihrer langen, weit herausgestreckten Zunge verbreitete sie Furcht, während sie ein Blutbad unter den Dämonen anrichtete. Als die Schlacht vorüber war, tanzte sie auf den toten Körpern der von ihr erschlagenen Monster, wild und jubelnd, mit wehendem Haar und erhobenen Armen.

Und warum hätte sie das nicht tun sollen? Immerhin war sie die Heldin des Tages.

Doch viele beobachteten ihren wilden Tanz mit Grauen. In ihrer Ekstase stampfte sie nicht nur die Knochen der Toten zu Staub, sondern alles, was ihr in den Weg kam – und auf einmal sah Kali ihren Gefährten Shiva, »den Zerstörer aller Dunkelheit«, unter ihren Füßen liegen. Seine Haut war bleich, und er regte sich nicht.

Der Tod hatte sich in Kali verwandelt, so wie das Leben zu Shiva geworden war. Sie ist die Dunkelheit, und er ist das Licht. Gemeinsam beschützen sie ihr Volk. Sie sind lediglich zwei Seiten derselben Medaille und stehen Seite an Seite. Sie ist nicht nur seine Gefährtin, sondern auch die lebendige Kraftquelle, aus der er seine Macht und seine Energie schöpft.

Bis zum heutigen Tag wird Kali gleichermaßen verehrt und gefürchtet, doch wer unter die Oberfläche blickt, erkennt, dass Kali die Menschen von Sünde befreien und ihnen einen Neuanfang ermöglichen möchte. Während du diese Geschichte liest, möchte ich dir etwas vorschlagen: Atme tief ein und schaue in Kalis weise Augen, reiße dabei den Schleier fort, der deine Wahrnehmung behindert.

Sei ehrlich zu dir und anderen. Lass dich nicht auf falsche Pfade locken.

Denn sonst könntest du von deinen inneren Dämonen in die Ecke gedrängt werden. Erkenne, dass es nicht darum geht, wie die Dinge erscheinen, sondern darum, wie sie sind. Es geht nicht um nette Worte, sondern um Taten, die von Herzen kommen. Und in dem Moment, in dem die Monster dich mit geifernden Mäulern umstellen und zu verschlingen drohen, wirst du Göttin Kali anflehen, dich von deinen Sünden zu befreien.

AFFIRMATION

»In meinem Leben heiße ich Licht und Finsternis gleichermaßen willkommen, denn zusammen machen sie mich ganz.«

RITUAL

Kali wirkt äußerlich Furcht einflößend, doch in ihr wohnen Liebe und Beschützerinstinkt. Die Herrscherin über Zeit und Wandel zeigt uns, dass wir die Vergangenheit loslassen und eine Art Tod durchleben müssen, um neu zu beginnen und weiterzukommen. In ihrer Weisheit erkennt sie die Wahrheit und möchte, dass auch wir unserer Intuition vertrauen und unter die Oberfläche blicken.

Im Zentrum dieses Rituals steht das Stirnchakra, das sogenannte dritte Auge, das sich auf der Mitte der Stirn befindet. Es weckt deine Intuition und hilft dir, Dinge aus einer neuen Perspektive zu betrachten, um dich selbst und andere besser zu verstehen.

- Suche dir einen ruhigen, ungestörten Ort. Entzünde dort eine weiße Kerze (sie repräsentiert die positiven Aspekte deines Wesens) und eine schwarze Kerze (sie repräsentiert dein Schatten-Ich, also die dunkleren Seiten deiner Seele).
- Erkenne, wie die beiden Kerzen zusammenwirken, genauso wie es die helleren und dunkleren Aspekte deines Selbst auch tun, um eine Balance zu schaffen.
- Schließe die Augen und zeichne mit deinem Zeigefinger vorsichtig einen Kreis mitten auf deine Stirn. Stelle dir vor, dass du dabei ein Auge umkreist, und massiere diesen Bereich mindestens eine Minute lang.
- Öffne dann deine Augen und blicke in die beiden Flammen.
- Lass nun deinen Gedanken und Einsichten freien Lauf. Greife nicht lenkend ein, sondern lass die dir innewohnende Intuition wirken. Wenn dir nichts in den Sinn kommt, ist das auch völlig in Ordnung.
- Wenn du dieses Ritual jeden Tag vollziehst, wirst du merken, wie sich mit der Zeit dein sechster Sinn entwickelt und du dich und andere besser verstehst.

Saule

Baltische Sonnengöttin

GABEN
Dankbarkeit, Selbstlosigkeit, Freude, Freundlichkeit

»WARUM DER MOND FALTEN HAT«

Es war einmal eine Sonnengöttin, die ein großes Herz besaß und hart arbeitete. Auf ihrem Haupt trug sie eine strahlende Krone, ihr Lächeln war wie ein Sonnenaufgang, und ihr Lachen ließ alles um sie herum erstrahlen. Klaglos erfüllte sie ihre Arbeit: Jeden Tag stand sie frühmorgens auf, um Wärme in das Leben der Menschen zu bringen.

»Ein neuer Tag!«, flüsterte sie ihren schönen Pferden mit Blick auf den Horizont zu, und diese antworteten mit einem freudigen Wiehern, denn auch sie genossen den täglichen Ritt. Sie waren starke, trittsichere Zauberwesen und Saules engste Gefährten. Unermüdlich zogen sie den Wagen der Göttin voran, egal wie lang die Tage sich erstreckten. Sie liebten ihre Arbeit und wollten ihrer Herrin Freude bereiten. Niemals ermüdeten sie, ja gerieten nicht einmal ins Schwitzen, denn sie genossen jeden Augenblick der Sonnenfahrt – und wenn man seine Arbeit so verrichtet, dann fühlt es sich nicht nach Arbeit an.

Jeder Tag verlief wie der andere. Manche der Gottheiten hätte das vielleicht gelangweilt, doch Saule empfand nichts als reine, tiefe Dankbarkeit und entdeckte viel Gutes auf der Erde. Schon früh hatte sie erkannt, dass Glück eine Entscheidung ist und dass es im Leben auf die kleinen Freuden ankommt.

Ihr Mann war der Mondgott Mēness. Aus der Verbindung der Gottheiten waren die Sterne und Planeten hervorgegangen. Anders als seine Frau ließ sich Mēness von seinen Launen beherrschen und änderte aus purer Langeweile ständig seine Gestalt. Von den Aufgaben seiner Frau war er wenig begeistert. Ihm waren die Menschen und Licht in ihre Welt zu bringen unwichtig. Sein Leuchten war schwach, mit bloßem Auge manchmal sogar kaum erkennbar.

Immer wieder höhnte er: »Ich verstehe nicht, warum du jeden Tag da rausgehst. Du hast das doch gar nicht nötig. Du bist eine Göttin, du kannst tun und lassen, was du willst.«

Saule lächelte jedes Mal freundlich und antwortete: »Aber ich will das tun.«

Und jedes Mal runzelte Mēness daraufhin die Stirn, schüttelte den Kopf und erklärte: »Ich verstehe dich nicht.«

Diese Diskussionen endeten immer und immer wieder damit, dass Saule sagte: »Du bist der Mond und ich die Sonne. Unsere Aufgabe ist es nicht, einander zu verstehen. Unsere Aufgabe ist es, zu sein.«

Doch diese Antwort stellte Mēness nicht zufrieden. Sein Unmut gärte weiter.

Jeden Abend ließ sich Saule nach ihrer feurigen Fahrt über die Erde auf einem Hügel an der Meeresküste nieder und wusch ihre Pferde in den salzigen Fluten. Dann lockerte sie ihnen die goldenen Halfter, damit sie herumstreifen und die Beine entspannen konnten, während Saule über ihr Königreich wachte. In dieser Zeit der Abenddämmerung kam sie zur Ruhe. Ihre goldene Krone wurde allmählich immer dunkler, erst glomm sie noch rötlich, dann hörte sie schließlich vollständig auf zu leuchten. So genoss Saule die letzten Minuten des Tages und kehrte anschließend mit ihren treuen Pferden in ihr silbernes Himmelsschloss zurück, um am nächsten Morgen ihre Reise von Neuem zu beginnen.

An einem dieser Abende macht der Mondgott seinem Ärger wieder einmal Luft: »Wenn du nur einmal Pause machen und diesen Tag mit mir verbringen würdest – wäre das so schlimm? Kannst du nicht einmal ein Opfer für deinen Ehemann bringen? Bedeute ich dir denn nichts?«

Saule schüttelte den Kopf, und goldene Lichtfunken stoben über den Himmel: »Vielleicht können wir uns einmal am Himmel während einer Sonnenfinsternis treffen und gemeinsame Zeit genießen, aber du musst verstehen, dass du mein Ehemann bist und sie«, dabei deutete Saule auf die Erde, »meine Kinder. Sie werden immer an erster Stelle stehen. Es geht hier nicht um eine Wahl oder ein Opfer. Wir haben uns für dieses Leben entschieden. Wäre es nicht schöner, wir wären dankbar für das, was wir haben, als ständig zu klagen?«

Daraufhin verzog der Mond vor lauter Wut dermaßen das Gesicht, dass sich tiefe Furchen und Falten hineingruben – so sollen die Krater und Verwerfungen auf der Mondoberfläche entstanden sein. Ob es tatsächlich so war, werden wir natürlich nie erfahren, das bleibt das Geheimnis der Götter. Saule auf jeden Fall lachte, und ihr Lachen breitete sich wie eine Lichtwelle im ganzen Universum aus.

AFFIRMATION

»Jeder Augenblick schenkt uns die Möglichkeit, dankbar zu sein.«

RITUAL

Saule steht für Zufriedenheit. Sie erfreut sich an den kleinen Dingen und ist dankbar für jeden Augenblick ihres Lebens. Sie betrachtet ihre täglichen Aufgaben nicht als Last, sondern erkennt, welche Kraft sich aus dem Geben entfaltet und wie reich man sich selbst beschenkt, wenn man anderen Freundlichkeit erweist.

Dieses Ritual verstärkt die Kraft der Dankbarkeit und sollte mindestens eine Woche lang täglich vollzogen werden. Es schenkt positive Energie und hilft, jeden Moment mit Freude zu erleben.

Alles, was du brauchst, sind ein Notizbuch und ein Stift.

- Stelle dich jeden Morgen nach dem Aufstehen mit beiden Beinen fest auf den Boden und sage: »Ich heiße diesen Tag und alles, was mir heute begegnet, willkommen!« Betrachte den vor dir liegenden Tag als unbeschriebenes Blatt und sei dankbar für die Möglichkeit, etwas Neues zu schaffen.
- Wenn du abends zur Ruhe kommst, schreibe drei Dinge in dein Notizbuch, für die du dankbar bist. Das kann eine Kleinigkeit sein, wie die erste Tasse Kaffee auf dem Weg zur Arbeit, oder etwas Größeres, wie gemeinsame Zeit mit der Familie.
- Führe die Übung täglich durch und lies am Wochenende deine Notizen.
- Schau dir an, wofür du dankbar bist, und finde das Muster: So erfährst du, was deinem Leben Sinn verleiht und welche Freuden du täglich erlebst.

Bastet

Ägyptische Sonnengöttin und Beschützerin der Frauen und Katzen

GABEN

Macht, Behaglichkeit, Wendigkeit, Selbstdarstellung

»DIE HERZENSDIEBIN«

Sie ist klein, schnell wie der Blitz und lässt die Schatten fröhlich tanzen. Je nach Situation ist sie bereit, anzugreifen oder zu fliehen. Sie stiehlt Herzen, tötet Dämonen und scheint überall gleichzeitig zu sein. Ihre Macht und Wendigkeit sind so groß, dass du sie nur aus dem Augenwinkel heraus wie einen verschwommenen Schatten wahrnimmst. Niemand kann sie einfangen, auch wenn es über die Jahrtausende hinweg viele versucht haben – sie entgleitet den Häschern wie ein Windhauch. Und das ist gut, denn ohne sie kämen viele zu Schaden. Die Schutzgöttin würde für die Sicherheit der ihr Anvertrauten bis zum Ende der Welt und zu den Gipfeln des Himmels gehen. Sie steht dir zu Seite, wenn du sie rufst. Und wenn du mit der Kraft am Ende bist, lässt sie deine Entschlossenheit und deinen Mut wieder aufleben.

Bastets Ursprung liegt im alten Ägypten. Dort durchstreifte sie in Katzengestalt die staubigen Gassen. Kaum jemand nahm sie wahr oder sang ihr Loblied, auch wenn sie still verehrt wurde. Ihre Anhänger wussten, dass jedem, der es wagte, ihren Katzenfreunden ein Haar zu krümmen, Schlimmeres drohte als der Tod. Lange Zeit galten Katzen in Ägypten als Gottheiten – und Bastet als die größte unter ihnen.

Wenn du sie suchst, wirst du sie nicht finden. Sie wird dich finden, wenn du es am wenigsten erwartest: wenn du Trost oder ermutigende Worte brauchst.

Dann spürst du, wie sie sanft um dich herumstreift. Sie ist da, wenn du in schmerzvollen Wehen liegst. Sie ist die kühle Brise, die jeder jungen Mutter neue Kraft schenkt. Sie schützt und leitet dich, wenn du dich nachts allein und verlassen fühlst. Ihre Wärme bringt auch die kältesten Herzen zum Schmelzen. Doch wer sie ignoriert oder – schlimmer

noch – schlecht behandelt, wird dafür büßen. Wenn ihre Krallen deine Haut zerfetzen, wirst du um Erlösung flehen.

Sie ist Gefährtin und Tochter des Sonnengottes Ra. Gemeinsam lenken sie den Sonnenwagen über den Himmel, verfolgt von der Schlange Apep, welche die Sonne verschlingen und das Licht stehlen will. Doch keine Angst: Das würde Bastet, die auch als »duftende Schutzgottheit« bezeichnet wird, niemals zulassen. Ihre Aufgabe besteht darin, die Erde zu schützen, und diese Aufgabe erfüllt sie jeden Tag aufs Neue.

Wenn die Sonne hinter dem Horizont verschwindet, sammelt sie ihre Kräfte und verjagt die Dämonen mit katzenhafter Schläue. Sie folgt der Spur der Schlange auf gewundenen Pfaden bis zu einer hoch in den Bergen gelegenen Höhle.

Schritt für Schritt arbeitet sie sich voran, mit perfekter Präzision springt sie von Fels zu Fels, doch was anmutet wie ein Tanz, ist eine Jagd. So lauert sie vor der Höhle, und wenn das Ungeheuer sich bewegt, schlägt sie ihm ihre scharfen Krallen ins Fleisch und tötet es. Jedes Mal, wenn Apep stirbt, fällt Dunkelheit über die Welt, und wir können in Sicherheit schlafen. Doch am Morgen erwacht die Schlange wieder zum Leben, dann beginnt das Spiel von Neuem. Die Göttin ist bestens darauf vorbereitet, denn sie spielt gern Spielchen, vor allem, wenn es darum geht, Beute zu jagen. Auch sie trägt manchmal Wunden davon, dann fällt ihr blaues Blut zu Boden, nimmt im Fallen eine türkise Färbung an und leuchtet mit der gleichen Kraft wie Bastets Macht.

Sie ist Frau und Katze zugleich. Eine katzenköpfige Gottheit, ein Geschöpf der Sonne und das Auge des Ra. Wie auch immer sie dir erscheinen wird, sie wird dir erscheinen: Sie lebt in jeder Katze, die dir über den Weg läuft; in jedem Streuner, der vor deiner Tür bettelt; in den edlen Rassekatzen und den flohübersäten Fellknäueln, die scheu und ängstlich vor den Menschen fliehen. Sie ist da, wenn sie schnurren und wenn die Fetzen fliegen, und sie kennt dein Herz und weiß, ob du sie verletzen oder pflegen willst.

Sie sieht es in deinem Blick. Schau in ihre hypnotisierenden Augen und erlaube es ihr, deine Gedanken zu lesen. Doch sei vorbereitet: Sie ist eine Ninja-Kämpferin, eine Liebhaberin und Tänzerin.

Vor allem aber ist sie es, die die Nacht tötet.

Sie wird dir dein Herz stehlen.

AFFIRMATION

»Ich begegne jedem Tag mit Offenheit und neuer Kraft.«

RITUAL

Bastet ist Lebenskünstlerin. Sie macht es sich überall behaglich und hat den Mut, ihre Einzigartigkeit, ihr wahres Selbst zu zeigen.

Sie lehrt uns, wie wichtig Offenheit und Wendigkeit sind – und der Mut, das eigene Wesen zu offenbaren.

Dieses Ritual hilft dir, deine Einzigartigkeit zu entdecken, dich klar und kreativ auszudrücken und deinen Standpunkt klarzumachen. Es eignet sich für Situationen, in denen du ein authentisches Bild von dir vermitteln musst, wie zum Beispiel ein Treffen oder eine Präsentation.

Du benötigst einen Türkis, das ist der Stein, der mit Bastet assoziiert wird, und ein leichtes Tuch (zum Beispiel aus Chiffon oder Seide).

- Setze dich auf den Boden und breite das Tuch vor dir aus.
- Umschließe den Türkis mit beiden Händen, schließe die Augen und atme tief ein und aus. Bitte den Stein, dich mit kreativer Energie zu erfüllen. Der Türkis ist ein Symbol für Selbstdarstellung und hilft dir, die richtigen Worte oder den Mut zum Reden zu finden.
- Lass deinen Gedanken freien Lauf. Versuche nicht, sie in irgendeiner Weise zu kontrollieren, sei dir ihrer einfach bewusst.
- Was fühlst du, während du den Stein hältst? Vielleicht nimmst du sogar Gesprächs- oder Gedankenfetzen in deinem Geist wahr – oder es kommen dir Ideen, die du verwenden kannst, um zu offenbaren, was in dir steckt.
- Wenn sich dein Geist beruhigt hat, lege den Türkis in die Mitte des Tuchs und schlage dessen Seiten darüber zusammen, sodass ein kleines Bündel entsteht.
- Lass den Stein so liegen und lass die Gefühle und Gedanken von zuvor noch einmal Revue passieren. Nimm den Stein dann wieder aus dem Tuch heraus und lege es dir locker um die Schultern.

Amaterasu

Sonnengöttin des Shintoismus

GABEN
Freude, Selbstwertgefühl, positive Energie, Verjüngung

»HERRIN DES LICHTS«

Wenn die Sonne über den Reisfeldern im Shintotal aufgeht, ist das für die Menschen Anlass zu feiern. Alles erwacht, wenn der goldene Feuerball seine ersten zarten Strahlen wie ein Vorzeichen künftigen Segens über den Horizont leuchten lässt. Die Menschen im Tal nehmen das nicht für selbstverständlich, denn sie erinnern sich noch an Zeiten, als die Sonne morgens auf einmal nicht mehr aufging ...

Es war nicht wie in den Geschichten, in denen die Sonne gestohlen oder von einem überirdischen Wesen verschlungen wurde. Es war viel schlimmer. Die Herrscherin des Lichts, die Göttin Amaterasu, war verzweifelt. Die Freude in ihrem Herzen war erloschen und damit auch ihre lebensspendende Macht. Sie fühlte sich gleich einem Felsen, der in grausamer Umgebung ausgehöhlt und zermahlen wurde. Du kannst dir denken, dass schon einiges nötig war, um eine so mächtige Flamme zum Erlöschen zu bringen. Das ist nur denen möglich, die uns am nächsten stehen und die wir am meisten lieben. Nur sie haben die Macht, uns so schwer zu verletzen.

Amaterasus Schwäche war ihr Bruder Susanoo, ein wilder, junger Gott, der seinen Anhängern gegenüber wenig Respekt zeigte. Ein Tunichtgut, der ständig für Ärger sorgte und Schaden anrichtete. Er zerstörte die sorgsam gepflegten Reisfelder, er warf den Kadaver eines gehäuteten Pferdes auf Amaterasus geliebten Webrahmen, sodass dieser zerbarst – und schließlich tötete er aus lauter Bosheit eine ihrer Dienerinnen. Er kannte weder Liebe noch Reue. Ihm war das Leben anderer Wesen völlig gleichgültig, ebenso wie die Folgen seiner Handlungen. Sein Herz war aus Stein und schwarz von seinen Taten.

Während Susanoo völlig gefühllos war, hatte Amaterasu Mitgefühl mit allen und allem. Sie spürte all den Schmerz um sich herum, und das brach ihr das Herz. Wenn sie ins Tal hinunterblickte, sah sie, dass alle Hoffnung erloschen war. Überall herrschte Verwüstung. Sie sah keinen Ausweg, keine Möglichkeit, ihrem Volk zu helfen. Die Verzweiflung, die Susanoo verbreitet hatte, fraß sie innerlich auf. Und so zog Amaterasu sich zurück in eine Höhle auf den höchsten Gipfeln der Berge. Nun war sie so weit weg von der Erde, dass niemand mehr ihr Licht sehen konnte. Mit ihrer göttlichen Kraft rollte sie einen Stein vor den Eingang, damit keiner zu ihr gelangte. Hier im Dunkeln wollte sie bleiben und für die Sünden ihres Bruders büßen.

Dabei vergaß sie völlig, dass ihre Abwesenheit der Welt nur noch mehr Schaden zufügte: Die Sonne ging nicht mehr auf. Der Boden blieb kalt, die Pflanzen bekamen keine Nahrung mehr. Die Menschen froren, kein Licht erhellte ihre Seele. Das Land versank in einem endlosen Winter, und langsam, aber unaufhaltsam begann alles zu sterben. Übles lauerte in den Schatten, und die Geister der Verfluchten begannen, wieder auf der Erde zu wandeln.

»Wir müssen etwas unternehmen!«, sagte Omoikane, der Gott der Weisheit. »Sonst bricht in Himmel und Erde Chaos aus.«

Er wollte Amaterasu durch eine List zur Besinnung bringen. Das Krähen eines Hahns sollte Erinnerungen in ihr wachrufen und sie aus der Höhle herauslocken, sodass sie gar nicht anders könnte, als ihre tägliche Reise über den Himmel wieder aufzunehmen. Die Götter setzten gleich einen ganzen Schwarm von Hähnen vor die Höhle, doch deren Ruf konnte die Göttin nicht hervorlocken.

Nun versuchten sie, die Göttin mit kostbaren Geschenken zu bestechen: einem wunderschönen Sakakibaum voll funkelnder Juwelen, einem goldenen Spiegel ... doch nichts half. Schließlich versuchte es die Göttin der Heiterkeit, Amenouzume, mit einem so frechen und lustigen Tanz vor der Höhle, dass die Götter sich vor Lachen den Bauch hielten. Sie johlten und kreischten vor Lachen, das weckte Amaterasus Neugier. Was hatte die Götter wohl dermaßen amüsiert?

Leise und vorsichtig schlich sie zum Höhleneingang, um hinauszuspähen. Da packten die anderen Götter sie, zogen sie aus der Höhle und erklärten ihr, dass sie sich nicht weiter verstecken durfte. Sie hielten ihr den goldenen Spiegel vor, damit sie ihre strahlende Schönheit sehen konnte, und zeigten ihr das Tal, das unter schwarzen Wolken begraben lag.

Da floss Amaterasus Herz vor Liebe zu ihrem Volk fast über, und sie erkannte, wie sehr die Menschen sie brauchten. Sie atmete mit aller Macht ein und entfesselte eine Woge liebender Energie. Sogleich begann sie am ganzen Körper zu strahlen und wärmte die Erde – endlich war die Sonne wieder aufgegangen.

Die Nacht wurde wieder zum Tag, und die Herzen der Menschen füllten sich mit Freude. Die Herrin des Lichts war zurückgekehrt und würde ihr Leuchten niemals wieder verbergen.

AFFIRMATION

»Ich bin ein Geschöpf des Lichts und der Liebe.«

RITUAL

Die empfindsame, großherzige Amaterasu kann gar nicht anders, als vor Liebe zu strahlen, das ist ihre Berufung und Bestimmung. Ihre Geschichte zeigt, dass wir alle einzigartig sind und uns auf unterschiedliche Arten ausdrücken.

Dieses Ritual beruht auf dem Licht der Sonne. Es weckt positive Energie und stärkt dein Selbstwertgefühl.

Am besten vollziehst du es am Morgen, damit du voller Zuversicht in den Tag startest.

- Ziehe zuallererst die Vorhänge auf und heiße die Sonne willkommen.
- Stelle die Füße hüftweit auseinander auf den Boden und entspanne deine Schultern.
- Hebe dein Kinn, lächle und sage: »Ich grüße die Sonne jeden Morgen, sie erfüllt mich mit Freude und vertreibt alle Sorgen.«
- Atme noch einmal tief ein und breite die Arme aus, als wolltest du die Sonne umarmen. Dann schließe deine Arme wieder, als würdest du ihr Licht an dich heranziehen und an deine Brust drücken.
- Atme aus und lasse die Hände seitlich herabfallen.
- Stelle dir vor, wie du bei jedem Einatmen die kräftigenden Sonnenstrahlen in dich aufnimmst und bei jedem Ausatmen wieder in die Welt hinaussendest.

Chantico

Aztekische Göttin des Herdes und des Feuers

GABEN

Weisheit, Trost, Wohlstand, Schutz

»DIE IM HAUS WIRKT«

Hast du schon einmal etwas aus dem Augenwinkel gesehen? Einen Schatten, ein Blinken, eine Bewegung, so schnell, dass du dir nicht sicher bist, ob da überhaupt etwas war? Ähnlich verhält es sich mit der Zauberei: Sie ist schwer erklär- oder fassbar, und doch kannst du sie spüren. Vielleicht nur für den Moment, doch du beginnst nachzudenken. Was bedeutet das? Warum habe gerade ich das bemerkt? Immer wieder spulst du in deinem Kopf zurück. War es vielleicht nur Einbildung? Zauberei ist fließend und flüchtig, vor allem wenn sie von Göttern gewirkt wird. Sie ist allgegenwärtig – doch wir bemerken sie nur, wenn wir sehr achtsam sind.

Mit Chantico ist es genauso: Wenn du darauf achtest, kannst du sie jeden Tag erleben. Sie spielt eine zentrale Rolle im Familienleben, ja sie ist schon beinahe ein Familienmitglied.

Zumindest ist das ihr Angebot, das in alten Zeiten nur allzu gern angenommen wurde. Damals war Chanticos Einfluss im Alltag deutlich spürbar, die Menschen glaubten fest an sie, weil wir eher an etwas glauben, das wir mit unseren Sinnen wahrnehmen. Nach und nach wurde Chantico immer mächtiger, und man legte sich besser nicht mit ihr an.

Sie lebt im Herzen des Feuers. In der sengenden Glut und den züngelnden Flammen. Im Knacken und Knistern des Holzes. Im flackernden Tanz, mit dem das Feuer den Herd füllt.

Chantico ist großherzig und freigiebig. Sie ist da, wenn du sie brauchst, du musst sie nur bitten. Da ist sie wesentlich unkomplizierter als die anderen aztekischen Gottheiten, die oft mit großem Pomp gebeten werden wollen.

Chantico hingegen reichen ein offener Herd und die Bereitschaft, in ihre Flammen zu blicken.

Als Schutzgottheit wacht sie über diejenigen, die die Glut schüren, und geht manchmal sogar von selbst auf diese zu. Auch bekannt als die, »die im Haus wirkt«, ist ihre Gegenwart so angenehm wie die einer gütigen Tante, die lächelnd in der Ecke sitzt.

Du kannst sie sehen, nicht wahr? Achte einmal darauf. Siehst du ihre goldene, rußgeschwärzte Haut und die weißen Zähne, die beim Lächeln aufblitzen? Sie schaukelt gemächlich mit ihrem Stuhl vor und zurück und erwartet keinerlei Aufmerksamkeit – nur einen Blick hin und wieder, mit dem du dich versicherst, dass bei ihr alles in Ordnung ist.

Wenn du Rat brauchst oder einfach nur eine Hand auf deiner Schulter, ist Chantico für dich da. Sie lindert die Schmerzen in deiner Seele mit ihrer Wärme und Liebe oder indem sie dich daran erinnert, dass es sehr viel größere Not gibt. O ja, sie hat eine scharfe Zunge und kann sehr gut austeilen, das wirst du merken.

Sie hat in ihrem Leben viel gesehen und viele Fehler gemacht – wenn also jemand weiß, was Schmerz ist, dann sie. Berühre sie daher nie, ohne vorher um Erlaubnis zu fragen – sonst wirst du dir einen jähen Schlag einfangen, der Brandblasen hinterlässt. In ihrer Jugend bekam sie selbst Strafen für ihren Übermut. Kennst du die Geschichte? Sie erzählt sie immer wieder: Einmal aß sie mit Paprika gewürzten Fisch. Das war damals verboten, aber sie war übermütig und dachte, sie käme damit davon. Einer der anderen Götter nahm daran jedoch Anstoß und verwandelte sie in einen Hund. Und wer will denn bitte schön in einen Hund verwandelt werden?

Die Göttin ist da, um Lektionen zu erteilen – aber wenn du deine Lektion lernst, wird sie dich belohnen. Dann leuchtet ihre Krone aus giftigen Kaktusstacheln rot auf, und Chantico überschüttet dich wie deine Lieblingstante mit Wärme und Liebe und bringt dir leuchtend bunte, kostbare Steine, leckere, dampfende Gerichte und warme, tröstende Getränke von ihrem Herdfeuer.

Sie bereitet das Essen genauso zu, wie du es liebst.

Du denkst, das sei Zauberei? Ganz recht, genau das ist es. Und so wären wir wieder bei dem Thema, mit dem unser Gespräch begonnen hat.

Zauber ist allgegenwärtig: Er kann in deinem Zuhause, in deinem Herzen wirken und Teil deines Alltags sein. Er kann wie deine Lieblingstante neben dem Herd sitzen, in dem ein fröhliches Feuer brennt – »sie, die im Haus wirkt«. Du musst nur deine Augen offen halten.

AFFIRMATION

»Ich bin offen und bereit, jeden Tag etwas dazuzulernen.«

RITUAL

Chantico verbreitet liebevolle, wärmende Energie und will am Familienleben teilhaben. Sie sagt Hallo, setzt sich in eine Ecke und beobachtet das allgemeine Kommen und Gehen. Aus leidvoller Erfahrung hat sie die Weisheit erlangt, dass wir uns jeden Tag weiterentwickeln und dazulernen können.

Dieses Ritual beruht auf dem Element Feuer. Es hilft dir, zu wachsen und Wohlstand in dein Leben einzuladen.

Du benötigst eine feuerfeste Schale, Paprikapulver, einen Stift und Papier.

- Schreibe auf, was du in dein Leben einladen möchtest – z. B. bestimmte Eigenschaften, Lehren oder auch Besitztümer. Denke vor allem darüber nach, was du Neues lernen möchtest und wie dir das Gelernte in Zukunft helfen könnte.
- Zerreiße das Papier und wirf es in die feuerfeste Schale.
- Streue etwas Paprikapulver darüber und sage: »Mit Chanticos Kraft wachse ich und lerne, jeden Tag neu, jeden Tag gerne.«
- Entzünde ein Streichholz und lass es in die Schüssel fallen. Sieh dabei zu, wie das Papier verbrennt, wie die Flammen immer größer werden und zu tanzen beginnen, während sie die Lektionen verarbeiten.
- Danke am Ende des Rituals für die Segnungen in deinem Leben und verstreue die Asche.

Freya

Nordische Göttin der Liebe, der Schönheit und des Krieges

GABEN

Anziehungskraft, Schönheit, Leidenschaft, Selbstliebe

»DIE GÖTTIN UND DAS BRISINGAMEN«

Stell dir eine Göttin vor, schöner und strahlender als alle vor ihr. Goldenes Haar, tiefblaue Augen, so glitzernd wie Ozeane voller Sterne, Lippen wie Rosenblüten und eine Haut wie schneeweißes Porzellan. Männer und Frauen lagen ihr gleichermaßen zu Füßen. Jeder, der ihr begegnete, verliebte sich in sie, und so wurde sie (wenig überraschend) mit der Liebe assoziiert. Allerdings war Freya eine Frau voller Widersprüche: Sie war nicht nur Göttin der Liebe und der Schönheit, sondern auch des Krieges – und da war sie keineswegs zimperlich.

Sie konnte einen Mann ebenso leicht mit dem Schwert entwaffnen wie mit ihrem Lächeln, und das machte sie umso begehrenswerter. Wenn sie kämpfte, kämpfte sie mit Leidenschaft. Sie war die unbesiegbare Anführerin der Walküren, deren Aufgabe es war, die Seelen der tapfersten Krieger nach Walhalla zu bringen, wo sie für immer an einer reich gedeckten Tafel feiern konnten.

Eine so vielseitige Frau wie Freya war nicht leicht zu beeindrucken, sodass nur wenige ihrer vielen Verehrer ihre Gunst gewannen. Wer um sie warb, musste mit einem Axthieb rechnen oder – an Freyas guten Tagen – damit, in einen Falken verwandelt zu werden. Doch selbst diese Göttin wurde manchmal schwach. Sie sammelte nämlich nicht nur die Seelen der Toten, sondern auch außergewöhnliche Schmuckstücke, die ihre Schönheit hervorhoben. Ja, von solchem Tand ließ sie sich zuweilen verführen.

Als Freya eines Tages in ihrem Wagen unterwegs war, der von ihren geliebten blaugrauen Katzen gezogen wurde, fiel ihr Blick auf die grauen Berge. Etwas zog sie dorthin, sodass sie von ihrem üblichen Weg abwich und auf das tückische Felsmassiv zusteuerte. Die Katzen, Geschenke von Thor, waren starke und wendige Zauberwesen, die auf

dem schwierigen Terrain sicher vorankamen. Angefeuert von Freya, donnerten sie den Berghang hinauf, wobei sie von Vorsprung zu Vorsprung hüpften und den Wagen mit großer Geschwindigkeit hinter sich herzogen.

Tatsächlich fühlte sich die Göttin wie unter einem Bann zur Behausung von vier Zwergen hingezogen, deren Namen sie wie ein Flüstern im Wind vernommen hatte. Die Höhle der Zwerge lag hinter einem riesigen Felsbrocken verborgen und war eine wahre Schatzgrube, denn hier schmiedeten sie unermüdlich, um Schmuck für die Götter anzufertigen.

Als Freya ankam, arbeiteten sie gerade an einer kostbaren Kette, in deren Mitte ein flammender Stein prangte. Die Göttin konnte sich gar nicht daran sattsehen. Noch nie war ihr ein Stein untergekommen, der so herrlich strahlte – und das Gold der Kette sah aus, als sei es aus dem Nektar der Götter gesponnen; das Schmuckstück wirkte lebendig und verheißungsvoll – Freya musste es haben! Die Zwerge waren ebenso hingerissen von Freya wie diese von der Kette. Bislang hatten sie die Göttin noch nie in Fleisch und Blut gesehen und fanden sie ebenso bewundernswert wie die kostbaren Steine, die sie bearbeiteten.

»Wie lautet der Name dieser herrlichen Kette? Ich muss sie haben«, rief Freya voll Entzücken.

»Das ist Brisingamen«, antworteten die vier Zwerge, »ein ganz besonderes Schmuckstück und einer Göttin würdig.«

»Was wollt ihr für diese Kette?«, fragte Freya. »Ich bin reich an Gold und Silber – ihr könnt alles haben.«

Die Zwerge blickten einander an und lächelten, denn sie wussten ganz genau, was sie wollten: »Es gibt nur eine einzige Sache, die wir uns wünschen«, erklärten sie. »Verbringe mit jedem von uns eine Nacht. Dann soll die Kette auf immer dein sein.«

Freya erwiderte das Lächeln. Sie bewunderte den Mut der Zwerge, denn diese Bitte hätte ein böses Ende für sie bedeuten können. Doch sie war so hingerissen von der Kette, dass sie vier Tage und vier Nächte in der Schmiede der Zwerge blieb. Was in dieser Zeit wirklich geschah, werden wir wohl nie erfahren, denn Freya war so schlau, wie sie schön war.

Sie hielt ihr Wort. Am fünften Tag fuhr sie mit ihren Katzen davon. Sie flogen geradezu über die Felsen, als die Katzen mit Riesensprüngen gen Asgard eilten. Selbst aus der Ferne konnten die Menschen dabei den strahlenden Juwel erkennen, den Freya an der Kette um den Hals trug. Wie ihre Schönheit strahlte er sonnengleich, und sein Licht erfüllte die Erde.

AFFIRMATION

»Meine natürliche Anziehungskraft strahlt durch mein Lächeln hindurch.«

RITUAL

Freya heißt ihre Schönheit und ihre Sexualität ohne Scham willkommen. Sie weiß, wer sie ist und was sie begehrt. Ihre Lektionen sind Selbstliebe und Selbstakzeptanz – die Fähigkeit, deine natürliche Ausstrahlung zu zelebrieren und diese Kraft mit anderen zu teilen.

Dieses Ritual beruht auf dem mit dem Brisingamen assoziierten Bernstein. Es stärkt Selbstbewusstsein und Selbstliebe.

Du benötigst einen Bernstein und eine Kerze.

- Zünde die Kerze an und lege den Bernstein davor.
- Blicke ein paar Minuten in die Flammen, atme dabei tief ein und aus und stelle dir vor, wie du mit jedem Atemzug das Licht der Kerze in dein Herz ziehst.
- Halte dann den Bernstein vor dein Halschakra (es befindet sich mittig unten am Hals).
- Stelle dir vor, wie goldene Lichtstrahlen von dem Stein in deinen Hals und deine Brust fließen.
- Spüre, wie dich die warme Energie mit Selbstvertrauen und Liebe erfüllt.
- Sage: »Die Kraft aus diesem Bernstein hier füllt das Herz mit Liebe mir. Er weist mich auf meine Schönheit hin und dass ich von oben gesegnet bin.«
- Lege den Bernstein jede Nacht unter dein Kissen und wiederhole den Zauberspruch. Er stärkt deine Konzentration und dein Selbstwertgefühl und durchdringt dich unbewusst mit positiver Energie.

Hel

Nordische Göttin des Todes und der Unterwelt

GABEN

Übergang, innere Stärke, Selbstreflexion, Kraft

»STURZ IN DIE UNTERWELT«

In den tiefsten, dunkelsten Abgründen der Erde liegt ein Ort des Schreckens, an dem die aufgewühlten Seelen der Toten umherirren. Dieses dunkle Reich trägt den gleichen Namen wie seine Herrscherin: Hel. Will man dort hinein, muss man zunächst am Höllenhund vorbei, dessen Geheul einem das Blut in den Adern gefrieren lässt. Danach gelangt man durch eine Höhle in das innere Heiligtum, in dem Verzweiflung und Hoffnungslosigkeit einander die Hand reichen. Die Luft ist schwer vom Staub der Toten, Leichname übersäen die Küste. Kein Mensch kommt freiwillig hierher, schon gar nicht, wenn er Ruhe und Frieden liebt.

Hel, die Tochter des Schelmengottes Loki, ist eine Riesin. Sie unterscheidet sich also in vielerlei Hinsicht von den anderen Gottheiten, manche sagen sogar, sie sei nur eine Halbgöttin. Vielleicht verbannte ihr Großvater Odin sie deshalb aus Asgard – obwohl sie schon bei Geburt Macht und Bedeutung besaß.

Von Asgard aus fiel sie immer tiefer durch die unterschiedlichen Schichten des Universums und verlor dabei immer mehr von ihrer Menschenähnlichkeit, bis nur noch ein Halbwesen mit geteiltem Gesicht übrig blieb: Eine Hälfte war atemberaubend schön, die andere grinste wie ein geisterhafter Leichnam. Als sie endlich wieder Boden unter den Füßen spürte, befand sie sich in einem Abgrund voller Schatten, weit unterhalb der Menschenwelt. Die meisten wären wohl zusammengebrochen und hätten sich vom Dunkel verschlingen lassen. Doch Hel war niemand, der einfach aufgab.

Sie klopfte sich den Staub vom Gewand, atmete tief ein und lächelte. Sie würde zeigen, was in ihr steckte!

Zunächst untersuchte sie ihre Umgebung, ergründete deren Tiefen und sandte ihren Geist aus.

Dann lachte sie und warf die Arme empor: »Dies ist mein Reich. Ich benenne es nach mir und herrsche hier als Königin. Wer von nun an die Unterwelt betreten will, muss sich vor mir verneigen. Der Eintrittspreis aber wird der Tod sein!«

Da in der Unterwelt das Wort Gesetz ist, kam es so, wie Hel gesagt hatte. Von einem Schloss im Norden aus regierte sie ihr Reich, ein Schlangennest voller Gift, wohin sich nur die schwärzesten aller Seelen verirrten. Dort darbten Mörder, während der mächtige Drache Nidhogg ihnen das Blut aussaugte und nur ihren bleichen, zerbrochenen Körper zurückließ.

Die meisten, die in die Unterwelt kamen, hatten dieses Schicksal verdient, aber wie immer gab es auch hier eine Ausnahme von der Regel.

Als Hels Vater Loki den Tod des von allen geliebten Gottes Balder veranlasste, gelangte dessen Seele in die Unterwelt. Hel war entzückt über diesen Neuzugang. Es war eine Freude und ein Segen, einen so wichtigen und beliebten Gott unter all den wehleidigen Seelen zu haben, darüber hinaus verlieh es ihr auch eine gewisse Macht.

Die Götter entsandten Hermod als Boten. Er sollte Balder aus dem Totenreich zurückbringen, doch sein Versuch war nicht von Erfolg gekrönt. Hel war nur bereit, die Seele wieder herauszugeben, wenn jedes Lebewesen auf der Erde offen um Balder trauern würde. Das erschien zunächst einfach, denn Balder war von Göttern und Menschen gleichermaßen geschätzt worden. Selbst die Sterne am Himmel und die Tiere auf der Erde liebten ihn. Doch es gab eine, die niemals auch nur eine Träne um ihn vergossen hätte, und das war die Riesin Thokk (es ging das Gerücht, es handelte sich bei ihr um den verkleideten Loki).

Hel erklärte Hermod daher in unschuldigem Ton, dass Geschäft nun einmal Geschäft sei. Solange die Riesin keine Trauer zeigte, wären die Bedingungen nicht erfüllt. »Es hilft alles nichts, seine Seele behalte ich«, schloss sie das Gespräch.

Balder musste also in der dunklen Unterwelt bleiben, und zum ersten Mal seit ihrer Verbannung aus Asgard hatte Hel gegenüber ihrer Familie gewonnen. Sie hatte sich einer Göttin würdig gezeigt und in der Unterwelt ein eigenes Reich erschaffen, und so würde es bleiben bis zum Ende der Tage und dem Einbruch der Götterdämmerung.

AFFIRMATION

»Jede Herausforderung gibt mir die Möglichkeit, zu wachsen und meine Kräfte zu entfalten.«

RITUAL

Hel wird oft missverstanden. Ja, sie ist die Göttin des Todes, aber sie steht auch für den Übergang und dafür, dass wir uns unseren Ängsten stellen und uns weiterentwickeln. Die Herrscherin der Dunkelheit konfrontiert uns mit unserer eigenen Dunkelheit.

Häufig wird Hel mit einer schwarzen und einer weißen Gesichtshälfte dargestellt, als halb lebend und halb tot. Die Gegensätze gleichen einander aus und bilden eine Ganzheit.

Dieses Ritual beruht auf der Macht von Licht und Dunkelheit. Es hilft dir, die Bereiche zu erkennen, in denen du wachsen und dich verändern kannst.

Du benötigst eine schwarze und eine weiße Kerze von ungefähr gleicher Form und Größe, ein Blatt Papier und einen Stift.

- Stelle die beiden Kerzen nebeneinander und zünde sie an.
- Nimm das Papier und teile es mit einer vertikalen Linie in zwei Hälften.
- Notiere auf der einen Seite all deine positiven, auf der anderen all deine negativen Charakterzüge.
- Vergleiche die beiden Hälften: Sind sie ungefähr ausgeglichen? Und wenn nicht, woran liegt das?
- Gibt es eine Möglichkeit, wie du für ein ausgeglichenes Verhältnis sorgen kannst?
- Überlege dir, was du aus deinen negativen Eigenschaften lernen kannst. Vielleicht sind sie gar nicht so negativ, wenn du sie nur anders ausdrückst. Wenn du zum Beispiel denkst, du wärst zu spitzfindig, dann könntest du deine Spitzfindigkeit dazu nutzen, anderen zu helfen.
- Lies zum Schluss noch einmal deine positiven Eigenschaften durch und vergiss nicht, dass die Mischung aus diesen positiven und negativen Wesenszügen dich einzigartig und wunderbar macht.

4 Wasser, Meer und Mond

In diesem Kapitel lesen wir vom Auf und Ab des Schicksals und des Meeres. Alle Göttinnen hier sind in irgendeiner Form dem Element Wasser verbunden. Sie lenken unsere Gefühle, wissen, wie man die Liebe zum Wogen bringt und den Nachthimmel mit sanftem Leuchten erhellt. Hier lernst du Fluss- und Meeresgöttinnen kennen. Göttinnen, die unsere Welt mitgestaltet haben, einfach indem sie es regnen ließen.

Eines ist sicher: Wasser lässt sich nicht aufhalten. Und diese Macht nutzen die hier vorgestellten Damen zu ihrem Vorteil. Sei bereit für Leidenschaft und Mitgefühl, Tändeleien zwischen Mond und Erde, wilde Meeresgeschöpfe, die den tiefen Wassergrund bewachen, und Zauberwesen, die sich nur zeigen, wenn der Mond hoch am Himmel steht. Und dann gibt es da noch die ganz toughen Ladys, die sich ebenso nach der eiskalten Umarmung eines gefrorenen Stroms sehnen wie nach ihrem Traummann.

Ihre Mut machende Botschaft lautet: Lass die Vergangenheit los und deiner Fantasie freien Lauf. Lass dich von den Strömen des Lebens treiben und folge der Intuition deines Herzens.

Yemayá

Yorubische Göttin des Ozeans

GABEN
Weisheit, Durchhaltevermögen, innere Stärke, Ruhe

»MAMI WATA«

Es war einmal ein junges Mädchen, das sich an der Küste des Ozeans verirrte. Wie viele Mädchen ihres Alters war sie irritiert, denn sie war dabei, eine Frau zu werden, und alles, was damit zusammenhing, verunsicherte sie. Sie sehnte sich danach, zur Ruhe zu kommen und die aufgewühlten Wogen in ihrem Inneren zu glätten, indem sie aufs Meer hinausblickte. Als niemand ihr zusah, lief sie zur Wasserkante und spazierte daran entlang. In Gedanken versunken, achtete sie nicht darauf, wohin sie ging. Sie wollte einfach nur am Meer sein, die salzige Luft einatmen und ihre Probleme wie Kiesel in die Wellen werfen. Irgendwann merkte sie, dass sie ihre Familie und Freunde nicht mehr sehen konnte. Sie blieb stehen, schöpfte Atem und blickte zu Mami Wata.

Es war unvorsichtig gewesen, sich so weit von allen zu entfernen, doch das Mädchen war nicht allein. Als Kind hatte sie Geschichten von der Meereskönigin gehört, der großen Göttin Yemayá, die alle Flüsse und das Meer erschaffen hatte, als ihre Gebärmutter platzte. Das Mädchen kannte die Geschichten darüber, wie Yemayá die Erde gestaltet und die sieben Weltmeere mit Fischen gefüllt hatte. Sie kannte die Allmutter und spürte eine Verbindung zu ihr. Vor allem aber wusste sie, dass Mami Wata ihr immer helfen würde. So weinte und ängstigte das Mädchen sich nicht, sondern sagte mit Blick auf den Ozean: »Mami, zeig mir den Weg. Ich brauche deinen Rat.«

Da bebte das Wasser, mondweiße Schaumkronen bildeten sich, und etwas bewegte sich auf den Wellen. Anmutig und voller Würde stieg Mami Wata (ganz in Blau und mit Meerjungfrauenschwanz) aus den Fluten.

»Was hast du für mich, Kleines?«, rief sie.

Das Mädchen nahm eine glänzende Kaurimuschel vom Strand und warf sie ins Wasser. Dann sagte sie: »Ich habe mich verlaufen, Mami. Kannst du mir helfen?«

Yemayá, die Meeresgöttin, lächelte. »Kind, dafür bin ich hier, komm näher«, sagte sie.

Das Mädchen kam näher ans Wasser und steckte den Zeh hinein.

Mami Wata streckte ihre Arme aus. »Komm, komm in meine Arme!«, lockte sie – und das Mädchen setzte einen Fuß vor den anderen, bis ihr Gewand nass wurde und die Wellen ihr über die Hüfte reichten.

»Ich habe Angst, Mami«, flüsterte sie.

»Das musst du nicht, ich bin hier, ich werde dich nicht im Stich lassen«, beruhigte die Göttin sie und streckte ihre Arme noch weiter aus, bis sie das Mädchen an den Händen fassen und zu sich in den Ozean ziehen konnte.

Vom Strand aus beobachtet, musste es so aussehen, als ob das Mädchen zu weit hinausgeschwommen wäre und der Ozean es verschlänge – als wäre das ihr Ende.

Aber Yemayá ist nicht willentlich grausam. Sie ist zuallererst eine Mutter mit der Aufgabe, die ihr Anvertrauten zu schützen und zu leiten.

Manchmal schießt sie dabei über das Ziel hinaus, denn sie liebt die Menschen, besonders die Frauen, und will sie – wie jede andere Mutter auch – immer nahe bei sich haben. Dabei vergisst sie, dass Menschen unter Wasser nicht atmen können. Aber diesmal war es anders: Sie führte ihre Tochter durch die wild wogenden Wellen hindurch auf die andere Seite des Ozeans, zeigte ihr den Weg und lehrte sie, das Leben willkommen zu heißen, sich von seinen Strömungen treiben zu lassen und dabei manchmal auch unterzugehen, ohne sich völlig aufzugeben. Sie zeigte dem Mädchen, dass sie mehr Einfluss auf ihr Leben besaß, als sie dachte, und dass sie wie ein Fisch einen Weg finden und eine neue Richtung einschlagen konnte.

Als das Mädchen schließlich klitschnass aus dem Ozean stieg, fühlte es sich erfrischt, gestärkt und zu allem bereit. Sie fand nicht nur den Weg zurück zu ihrer Familie und ihren Freunden, sondern auch den Weg zurück zu sich selbst.

Irgendwo in den Tiefen des Ozeans sitzt Mami Wata und lächelt, sie wippt mit ihrem türkisblau glitzernden Meerjungfrauenschwanz, und in ihrer Hand hält sie eine glänzende Kaurimuschel – ein Geschenk von einem ihrer tausend Kinder.

AFFIRMATION

»Ruhe umfließt mich und tröstet mein Herz.«

RITUAL

Die wunderschöne, weise, liebevolle und beschützende Yemayá gibt, aber sie kann auch wieder nehmen. Sie schenkt Führung und Heilung und zeigt uns, wie wir durch die raue See steuern und gestärkt aus Schwierigkeiten hervortreten können.

Die Muschel in diesem Ritual ist ein Symbol Yemayás. Sie hilft dir, dich mit dem heilenden Element Wasser und der dir innewohnenden Weisheit zu verbinden.

Du benötigst eine Muschel, ein Glas Wasser und ein Notizbuch.

- Lege die Muschel vor ein Glas mit kühlem Wasser.
- Sage: »Dieses kühle Wasser soll mich erfrischen und meinen Körper, meine Seele und meinen Geist heilen.« Trinke langsam, Schluck für Schluck, und lass deine Gedanken kommen und gehen. Halte keine sorgenvollen Gedanken fest, sondern atme einfach und verbinde dich bei jedem Schluck mit dem Element Wasser.
- Wenn du ausgetrunken hast, nimm die Muschel in beide Hände und schließe die Augen. Stelle dir vor, du wärst am Meer und atmetest die Ruhe ein.
- Sage: »Dieses Geschenk des Meeres bringt mich dem tiefen Ozean und der Weisheit darin näher.«
- Halte die Muschel an dein Ohr, entspanne dich und lausche. Es ist nicht wichtig, ob du etwas hörst oder nicht, atme einfach ein und aus und lass deine Intuition sich entfalten. Vielleicht hast du bestimmte Gefühle, eine Vision oder einfach einen wichtigen, bedeutungsvollen Gedanken.
- Wenn du fertig bist, öffne die Augen und schreibe in dein Notizbuch, was dir einfällt.
- Behalte die Muschel bei dir, um deine Verbindung zum heilenden Element Wasser aufrechtzuerhalten.

Selene

Griechische Mondgöttin

GABEN
Liebe, Erleuchtung, Vorstellungskraft, Verbindung

»EINE NIE ENDENDE LIEBESGESCHICHTE«

Wenn die Sonne abends hinter dem Horizont versinkt, senkt sich Stille über das Land. Nun ist Zeit zum Innehalten, den Geist ruhen zu lassen. Wer seit dem Morgen wach war, treibt nun hinüber ins Reich der Träume, wer bereits schlief, schreckt vielleicht aus seinem Schlummer auf. Doch es gibt einen Träumer, der niemals erwacht. Er liegt in ewigem Schlaf in einer Höhle hoch in den Bergen.

Sein Name ist Endymion, ein Hirte und Enkelsohn des großen Gottes Zeus. Er ist der schönste Mann auf Erden. Keiner weiß, wieso er diesen ewigen Schlaf schläft. Manche denken, es sei ein Geschenk seines Großvaters, der auf diesem Weg Endymions Schönheit bewahren wollte. Andere halten es für einen Fluch, eine Bestrafung für eine üble Tat. Was wirklich geschah, wird wohl immer ein Geheimnis bleiben und ist nicht weiter von Belang für diese Geschichte.

Endymions schönes Antlitz hatte im Laufe der Zeit viele in seinen Bann geschlagen, doch es gibt eine, deren Herz nur für ihn schlägt, die Nacht für Nacht über ihn wacht und deren Leidenschaft für ihn stetig wächst: Es ist Selene, die heiter leuchtende griechische Mondgöttin.

Im Laufe ihres Lebens hatte sie viele Liebhaber. Wer hätte sich nicht an ihrem Glanz weiden wollen? Doch Endymion ist der Einzige, der ihr Herz auf diese besondere Art erreichte. Er ist anders als die anderen Männer. Mit jedem Atemzug, den er in seinem immerwährenden Schlaf tut, zieht er sie weiter zu sich heran. Sie sehnt sich danach, nicht nur mit ihren Strahlenfingern sein Gesicht zu liebkosen.

Tief im Herzen weiß sie, dass dies eine einseitige Liebe ist. Wie könnte sie ihn je wirklich kennen, wenn er sich in diesem Zustand befindet? Und doch kann sie ihn nicht ver-

gessen. Die Erinnerung an sein Gesicht ist in ihr Herz eingebrannt, und immer wieder wird ihr Blick von der Höhle angezogen, Nacht für Nacht. Dies ist ihr Schicksal.

Doch eine Mondgöttin begnügt sich nicht mit keuschen Blicken, und immerhin ist Selene eine der mächtigsten unter ihnen. Sie kann die Zeit stillstehen lassen und am Himmel tanzen. Sie erkennt, was in den Herzen und Köpfen der Menschen vor sich geht, erleuchtet ihre dunkelsten Winkel und bringt die Güte in ihnen zum Leuchten. Die Sterblichen liegen ihr aufrichtig am Herzen, und sie möchte sich auf einer tieferen Ebene mit ihnen verbinden.

Was nun ihren Liebsten anbelangt, so wartet sie nicht einfach ab und beobachtet – nein, sie setzt Himmel und Erde in Bewegung, um ihm nahe zu sein. Tag für Tag ändert sie im Lauf des Monats ihre Gestalt, lässt ihr Licht weiter strahlen als zuvor und gleitet in ihrem Wagen über den Himmel, während ihr leuchtendes Gewand hinter ihr herweht.

So gelangt sie zur Höhle, in der Endymion schläft – für immer jung und schön, aber in seinen Träumen verloren. Sie umhüllt ihn mit dem Licht ihrer Liebe, liegt in seinen Armen und empfängt ein Kind von ihm, eine Tochter für jeden einzelnen Monat des olympischen Mondjahres.

Und so geht es endlos weiter.

Ihre Liebesgeschichte mutet seltsam an, sind doch weder Anfang noch Ende zu erkennen, doch so ist es auch mit den Zyklen des Mondes – sie verschmelzen zu einer niemals endenden Einheit.

Ob Endymion sich Selenes Gegenwart bewusst ist? Wer weiß. Mondlicht ist unendlich leicht und ätherisch. Selene will niemanden blenden. Sie will nur ein bisschen Liebe und Licht schenken, um das Gemüt zu erfreuen und die Fantasie aufleben zu lassen.

Egal ob du eine hoffnungslose Träumerin und Romantikerin bist oder einfach nur Einsamkeit suchst – Selene schenkt dir Frieden, Reinheit und Erleuchtung. Auch wenn du sie nicht sehen kannst, ist sie da, wenn du in deine Träume gleitest, und auch, wenn du eingeschlafen bist. Sie ist eine Liebesgeschichte, die nie endet.

AFFIRMATION

»Ich verbinde mich mit meinem Herzen und meinem Geist und lasse mich vom sanften Licht der Erleuchtung mit Liebe füllen.«

RITUAL

Selene teilt ihr Licht und ihre Liebe mit allen. Obwohl starke Gefühle sie leiten, ist sie nicht bevormundend oder kontrollierend. Ihre Herangehensweise ist sanft, sie passt sich der jeweiligen Situation an und ist freundlich zu sich und anderen.

Dieses Ritual hilft dir, dich in andere einzufühlen, dich mit ihnen zu verbinden, auf ihre Ausstrahlung zu reagieren und dein Herz dem Fluss der Liebe zu öffnen.

- Bade dich einige Zeit im Mondlicht – im Freien oder an einem Fenster mit Blick auf den Nachthimmel. Konzentriere dich einige Minuten lang ganz auf den Mond. Dann schließe die Augen und stelle dir vor, wie du mit jedem Atemzug Mondlicht einatmest.
- Spüre, wie der sanfte Schein dein Wesen durchdringt und du dich vollständig entspannst. Atme weiter und genieße das Gefühl.
- Konzentriere dich jetzt jedes Mal, wenn du dich auf tieferer Ebene mit jemandem verbinden willst, auf deine Brustmitte.
- Denke daran, wie das Mondlicht dich mit Ruhe und Frieden erfüllt hat. Beschwöre diese Energie erneut herauf, indem du dir einen kleinen Vollmond vorstellst, der in deiner Brustmitte sitzt.
- Atme tief ein und spüre, wie bei jedem Ausatmen das Licht des Mondes nach außen dringt, bis jeder um dich herum von sanftem Licht umhüllt ist.
- Atme weiter tief ein und aus und bitte Selene um Hilfe, um dich mit anderen von Herz zu Herz zu verbinden.
- Sprich in deinem Geist die Worte: »Ich lasse den Fluss der Liebe zwischen uns wandern, der unsere Gedanken erhellt und uns mit freudiger Energie füllt.«

Jaci

Brasilianische Mondgöttin

GABEN
Ruhe, Frieden, Heilung, Natur

»EIN LEUCHTFEUER DER HOFFNUNG«

Mächtig und dunkel erstreckt sich der Amazonas in der Nacht. Er ist voller Schatten und Geräusche: der sanfte Schritt des Jaguars, der durch den nächtlichen Dschungel schleicht, und das Summen und Brummen all der anderen hier lebenden Geschöpfe. Es ist ein verwunschener Ort voller Zauber – einem Zauber, den der Mond mit seinem sanften Licht wirkt. Wie eine süße Melodie hebt er manche Stellen hervor und lässt Licht und Schatten in seine Komposition einfließen. All denen, die hier herumstreifen, ist er ein Leuchtfeuer der Hoffnung.

Doch das war nicht immer so. Vor langer Zeit fiel des Nachts obsidianschwarze Dunkelheit über die Menschen – das war umso niederdrückender, da zuvor die Sonne in ihrer atemberaubenden Schönheit den Wald erhellt hatte. Nicht nur die Menschen litten, wenn der Tag sich verabschiedete – auch die Gottheiten konnten es kaum ertragen. Für sie war die Nacht wie ein hungriges Raubtier, das ihre Macht zu verschlingen drohte.

»So kann es nicht weitergehen«, dachte der Donnergott Tupa. »Wenn sich der Sonnengott Guaraci schlafen legt, ist es so, als würde er alles Licht mit sich nehmen und das Ende der Welt einläuten.« Da kam ihm eine Idee: Er wollte eine neue Gottheit schaffen, eine Göttin, die so schön und strahlend war, dass sie den dunkelsten Himmel erleuchtete – ein Leuchtfeuer der Hoffnung für Menschen und Götter gleichermaßen.

»Ihre Haut wird von innen heraus strahlen, und ihre Augen werden glänzen wie Sterne. Wenn sie am Himmel erscheint, wird keiner den Blick von ihr lassen können, so schön wird sie sein.«

Und so erschuf Tupa die Mondgöttin Jaci, die das herrlichste Geschöpf war, das es je gegeben hatte. Ihre Bewe-

gungen waren fließend wie das klare Wasser aus den Bergen und ihr Lächeln so voller Leben wie die Pflanzen, die im Regenwald wuchsen und blühten. Die offenherzige Jaci liebte alles um sie herum – so wurde sie zur Schutzgöttin der Tiere und Pflanzen. Ihr Element war das Wasser.

Als Guaraci aus seinen Träumen erwachte und sie erblickte, verschlug ihm ihre Schönheit den Atem. Seine Liebe zur ihr dehnte sich aus wie eine blendende Welle Sonnenlichts. Sie brannte eine Schneise durch den Wald, entzündete den Himmel und wurde so heiß, dass die Erde auszutrocknen drohte. Je stärker er in Liebe entbrannte, umso mehr Zerstörung verbreitete er.

Auch Jaci war von Liebe ergriffen: Sie sah ihr Spiegelbild in den Strahlen des Sonnengottes und sehnte sich danach, in seinen Armen zu liegen. Gleichzeitig erkannte sie die Welle der Vernichtung, die ihre Leidenschaft auslöste.

Das brachte sie zum Weinen, denn das Letzte, was sie wollte, war, jemanden zu verletzen. Ihre Tränen waren es, die die Feuer löschten und die verbrannte Erde tränkten.

Nachdem sie ihr wild klopfendes Herz beruhigt hatte, traf sie eine Entscheidung: »Wir können nicht zusammen sein«, erklärte sie Guaraci, »denn unsere Liebe ist so zerstörerisch, wie sie stark ist. Wir würden die Welt vernichten, deswegen müssen wir uns für immer trennen. Wenn du aufstehst, werde ich zu Bett gehen, und wenn der Tag vorüber ist und du dich zurückziehst, werde ich meinen Platz am Himmel einnehmen.«

Guaraci brach das Herz, dennoch stimmte er zu. Nur so konnten sie beide leben – getrennt, abgesehen von den wenigen gestohlenen Augenblicken, in denen sie sich von Zeit zu Zeit in einer Sonnenfinsternis zusammenfanden.

»Ich werde immer auf dich blicken und auf die Momente warten, an denen sich unsere Wege kreuzen, das muss ausreichen, um mich am Leben zu erhalten.«

Als Jaci in dieser Nacht aus den Schatten trat, um ihren Platz am Himmel einzunehmen, schmerzte ihr Herz so sehr, als wolle es in tausend Stücke zerspringen. So groß war ihr Leid, dass sie in Wehklagen ausbrach und ihre Tränen das Land überfluteten. Während sie ihrer Verzweiflung freien Lauf ließ, bildete sich aus ihren Tränen der Amazonas.

Von dieser Nacht an gingen die Geliebten getrennte Wege und wechselten sich damit ab, ihren Platz am Himmel einzunehmen. Ohne zu klagen, fügten sie sich diesem kosmischen Tanz – der lebensspendende Sonnengott und die Mondgöttin als Leuchtfeuer der Hoffnung.

AFFIRMATION

»Ich nehme mir Zeit, damit meine Seele zur Ruhe kommt.«

RITUAL

Die fürsorgliche Jaci tut alles, damit ihre Schutzbefohlenen ein friedliches Zuhause haben. Sie weiß, dass wir Momente der Stille benötigen, um uns zu regenerieren und zu heilen. Ihre Botschaft lautet, dass wir nur wir selbst sein müssen, um die Welt zu bezaubern, und nicht um Aufmerksamkeit buhlen müssen.

Dieses Ritual beruht auf dem Element Wasser. Es hilft dir, inneren Frieden zu finden und deine Seele zu kräftigen.

Du benötigst Sandelholz-Aromaöl und eine Badewanne.

- Lass dir ein Bad ein und gib 4–5 Tropfen Aromaöl hinzu. Atme den moschusartigen, süßen Duft ein, während sich die Wanne füllt.
- Dann setze dich ins warme Wasser und entspanne. Schließe die Augen und genieße das Bad.
- Atme dabei lange und tief ein und aus, sauge den Duft in dich auf.
- Stelle dir beim Ausatmen vor, wie du negative Energie aus deinem Körper strömen lässt.
- Spüre das Wasser auf deiner Haut und lass los. Nimm wahr, wie die sanfte Wärme des Wassers dich nährt, so wie das Mondlicht.
- Stelle dir vor, du lässt dich von den Wassern des Regenwalds tragen, über dir scheint der Mond und umhüllt dich mit seinen heilenden Strahlen.
- Atme ein und aus und nimm dabei die beruhigende Energie um dich herum wahr.
- Erinnere dich immer an diesen Moment der Stille. Trage ihn jeden Tag in dir. Schnuppere immer wieder einmal an dem Sandelholzöl, damit die Erinnerung an den Regenwald in dir lebendig bleibt.

Die Grüne Tara

Buddhistische Göttin der Erleuchtung und des Mitgefühls

GABEN
Großzügigkeit, Mitgefühl, Erleuchtung, Vollendung

»DIE ERLEUCHTETE«

Als die Erde noch jung war, plagten Sorgen und große Mühen die Menschen. Jeden Tag mussten sie Neues lernen, vor allem, wie es ihnen gelingen sollte, ihre Gefühle zu beherrschen. Diese Herausforderung machte es ihnen schwer, ihren Platz auf der Erde zu finden, physisch wie spirituell. In den Schatten lauerte Übles, das nur auf die Gelegenheit wartete, in ein unschuldiges Herz einzudringen und es zu quälen.

Avalokiteshvara, ein großer Bodhisattva von unendlicher Güte und Weisheit, arbeitete unermüdlich daran, den mit Mühsal beladenen Menschen zu helfen. Dafür setzte er all sein Wissen ein, das er auf dem Pfad der Erleuchtung gesammelt hatte, und tat sein Bestes – doch die Welt war riesig, und es war selbst für ein so erleuchtetes Wesen eine undankbare Aufgabe. Wie sehr er sich auch mühte: Die Menschen litten weiterhin Pein, es war einfach kein Licht am Ende des Tunnels zu erkennen.

Avalokiteshvara schmerzte das Herz, als er sah, wie wenig er helfen konnte, und er begann bitterlich zu weinen. Zuerst tropften nur einzelne Tränen herab, aber bald flossen sie in Strömen und mit solcher Macht, dass sich vor seinen Füßen eine Pfütze bildete. Sie wurde immer größer, wuchs allmählich zu einem Tümpel heran, dann zu einem Strom und schließlich zu einem riesigen silbrig glitzernden See.

Mit Staunen blickte er auf das Gewässer, das er erschaffen hatte.

»Was es wohl damit auf sich hat?«, dachte er bei sich.

Und als würde der See ihm antworten, geriet das Wasser in Bewegung und formte kreisförmige Wellen, die sich immer weiter ausbreiteten. Das erinnerte ihn daran, dass sich freundliche Gesten auf genau die gleiche Art ausbreiten. Während Avalokiteshvara darüber nachsann, teilten

sich plötzlich die Wellen, und aus den strahlenden Tiefen stieg eine Lotusblüte empor. Sie begann, zu wachsen und ihre zarten Blütenblätter zu strecken. Als sie sich öffneten, stand inmitten der Blüte eine Frau. Ihre Haut wirkte auf den ersten Blick weiß, doch als Avalokiteshvara genauer hinsah, nahm er einen grünen Schimmer wahr. Diese Farben symbolisierten die beiden Aspekte ihrer Persönlichkeit. Als die Frau Avalokiteshvara anblickte, herrschte zwischen den beiden ein solches Verständnis und Mitgefühl, dass er sofort wusste, was ihre Bestimmung war.

»Ich bin Tara«, sagte sie mit einer Stimme, die wie Vogelgesang anmutete; ihre Worte tanzten vor seinen Augen und erfüllten ihn mit Hoffnung.

Sie trat aus der Lotusblüte aufs feste Land und schlang ihre Arme um ihn, trocknete seine Tränen mit ihrem Haar und linderte seinen Schmerz mit einem sanften Wiegenlied.

»Ich werde dir bei deiner gewaltigen Aufgabe helfen. Gemeinsam werden wir alle Wesen vom Leid erlösen und zur Erleuchtung führen. Als Grüne Tara repräsentiere ich die Nacht. Ich bin wie eine halb geöffnete Lotusblüte. Ich bin die Verkörperung des erleuchteten Handelns.«

Sie setzte sich neben ihn, das linke Bein angewinkelt, das rechte ausgestreckt, jederzeit bereit aufzuspringen. Dann – als wolle sie bewusst auf den Unterschied hinweisen – nahm sie die Lotusposition mit nach oben gerichteten Fußsohlen ein.

»Das bin ich als weiße Tara. In dieser Position repräsentiere ich den Tag und die vollständig geöffnete Lotusblüte sowie Anmut und Gelassenheit. In beiden Formen erscheine ich den Menschen und zeige ihnen den Weg zur Erleuchtung. Ich schütze sie vor Übel und beschenke sie reich mit meiner Liebe.«

Die Grüne und die Weiße Tara waren ein und dieselbe, mächtig zwar, doch um den Menschen den Weg zeigen zu können, mussten sie eine erhöhte Stelle finden.

So wurde die Grüne Tara zum Polarstern, dessen Licht die Menschen auf der Erde leitete. Wann immer jemand sich verirrte, musste er nur zum Nachthimmel blicken und konnte sehen, wie sie über ihn wachte.

Ihr großes Mitgefühl ließ sie heller strahlen als alle anderen Sterne. Mit ihrem Licht berührte sie Seelen und schenkte neuen Mut. Ihre Güte erreichte alle Menschen – und auch wenn die Welt immer noch voller Herausforderungen war, fiel es ihnen mithilfe der Erleuchteten leichter, die Höhen und Tiefen des Lebens zu bestehen.

AFFIRMATION

»Wenn ich freundlich handele, erfüllt mich Freude.«

RITUAL

In ihrer Erscheinungsform als Grüne Tara repräsentiert die Göttin Tara erleuchtetes Handeln. Sie will, dass wir zur Ruhe kommen, doch ist sie kein bisschen passiv. Sie fühlt mit Menschen in Not und scheut keine Mühe, eine Verbindung zu ihnen herzustellen. Sie ist eine Naturgewalt, und im Zentrum all ihres Tuns steht Freundlichkeit.

Dieses Ritual beruht auf der Macht der Sterne. Es hilft dir, Mitgefühl für dich und andere zu entwickeln.

Am besten vollziehst du dieses Ritual an einem wolkenlosen Abend, an dem dich die Sterne inspirieren können.

- Begib dich in einer wolkenlosen Nacht nach draußen und beobachte die Sterne. Wenn du einen eigenen Garten oder Balkon hast, kannst du dich auf eine Decke legen, ansonsten bleibst du einfach stehen oder setzt dich hin.
- Atme ein paar Minuten lang tief ein und aus, um Geist und Körper zur Ruhe kommen zu lassen.
- Blicke empor zu den Sternen. Bestimmt entdeckst du einen, der heller leuchtet als alle anderen. Je länger du nach oben blickst, desto mehr Sterne und Sternkonstellationen wirst du wahrnehmen.
- Kannst du ein paar von ihnen benennen?
- Achte darauf, wie die Sterne miteinander verbunden sind und wunderschöne Bilder am Himmel formen – genau so sind auch wir auf der Erde alle miteinander verbunden und wirken einen Zauber, wenn wir zusammenkommen.
- Schließe die Augen und stelle dir vor, du wärst in eine Sternendecke gehüllt. Spüre, wie das Licht der Sterne dich mit kräftigender, liebevoller Energie füllt.
- Denke an all die Sterne in deiner Umlaufbahn – deine Familie, deine Nachbarn, Menschen aus deiner Nachbarschaft – und wie du sie erreichen und eure Verbindung stärker und strahlender machen kannst.

Chalchiuhtlicue

Aztekische Göttin der Flüsse und der Meere

GABEN
Emotionale Aufrichtigkeit, Selbstdarstellung, Selbstannahme, Fruchtbarkeit

»ALS WIR FISCHE WAREN«

Fünfmal erschufen die aztekischen Gottheiten die Welt, bis sie endlich zufrieden waren. Immer gab es irgendetwas auszusetzen, so erschufen sie eine Welt nach der anderen. Beim vierten Versuch war eigentlich alles so, wie es sein sollte. Sie hatten ja bereits Übung – und ganz ehrlich, sie waren auch erschöpft, immerhin erfordert es einiges an Zeit und Kraft, um eine Welt samt Ober- und Unterwelt zu erschaffen. Nun war da also die vierte Welt mit ihrer neuen Sonne, denn jede Welt benötigt Licht, Energie und Wärme.

Die vierte Sonne war genauso strahlend und mächtig wie die Sonnen davor. Wahrscheinlich war sie sogar noch mächtiger, denn sie stand unter der Herrschaft der Göttin Chalchiuhtlicue. Das mag merkwürdig klingen, denn Chalchiuhtlicue war keine Göttin des Feuers. Ihr Element war das Wasser, sie herrschte über Flüsse und Meere. Doch nachdem ihr die Aufgabe nun einmal anvertraut worden war, erfüllte die Göttin sie pflichtbewusst.

»Die im jadefarbenen Gewand« (wie Chalchiuhtlicue auch genannt wurde) kümmerte sich meist rührend um die Menschen und beschenkte sie großzügig. Wenn sie am Himmel tanzte, regnete es, das Land wurde getränkt, und die Früchte des Feldes wuchsen und gediehen. Chalchiuhtlicue füllte die Flüsse und Ströme mit Trinkwasser und Fischen – und wenn die Menschen um Regen flehten, schwenkte sie freudig ihre Gewänder, um es wieder regnen zu lassen.

Aber genauso wie wir (und die Götter ähneln uns mehr, als wir vielleicht ahnen) hatte auch Chalchiuhtlicue ihre schlechten Tage. Manchmal verstimmte sie ihr Ehemann, der Regengott Tlaloc, manchmal die anderen Gottheiten, die sich für etwas Besseres hielten und das auch zum Aus-

druck brachten. Manchmal fühlte sie sich einfach unwohl. An solchen Tagen übertrieb sie es mit dem Regen. Tatsächlich führte sie sich auf wie ein wild gewordener Bär, wenn sie wütend war. Dann verdunkelte sich der Himmel, und ihr Zorn brach sich in Regenfluten Bahn, die das Land überschwemmten.

Sie konnte also gleichermaßen geben wie nehmen und war aufgrund ihrer Launen manchmal schwer vorhersehbar. Wie auch immer: Sie herrschte über die vierte Sonne und versorgte die Menschen 676 Jahre lang mit Wasser – eine beachtliche Leistung! Ihre Herrschaft hätte noch länger bestanden, wäre da nicht Tezcatlipoca gewesen. Der Gott der ersten Sonne war verbittert, weil er für die Welt keine Rolle mehr spielte. Eifersüchtig sah er zu, wie liebevoll sich Chalchiuhtlicue um die Menschen kümmerte. Viele Jahre lang behielt er seinen Groll für sich, doch irgendwann konnte er seinen Ärger nicht mehr zurückhalten und bezichtigte Chalchiuhtlicue der Unehrlichkeit. »Du liebst die Menschen nicht wirklich«, zischte er sie an, »dir geht es nur um Macht.«

Nun, du oder ich, wir hätten ihm für einen solchen Vorwurf vielleicht die Leviten gelesen, aber Chalchiuhtlicue war empfindsam, und seine Worte verletzten sie tief.

Sie begann zu weinen und hörte gar nicht mehr auf. Zweiundfünfzig Jahre lang vergoss sie ganze Flüsse voller Tränen, ohne dabei auch nur einmal Atem zu holen, und das war nun wirklich eine Menge Wasser!

Kein einziges Mal ließ sie in dieser Zeit die Sonne scheinen, um ihre Tränen zu trocknen. So kam es, wie es kommen musste: Die Erde versank in ihrer Tränenflut. Alles Land war mit Wasser bedeckt, die Menschen verwandelten sich in Fische, und wer sich nicht anpasste, starb. Dann brach auch noch der Himmel zusammen, womit die vierte Welt endgültig zerstört war. Ende der Geschichte.

Doch bevor du Chalchiuhtlicue jetzt verurteilst, bedenke Folgendes: Hätte sie anders reagiert, gäbe es die fünfte Welt nicht – die Welt, in der du und ich leben. Die aztekischen Götter hätten es vielleicht nie richtig hinbekommen, und statt wie heute auf der Erde zu leben, wären wir allesamt Fische.

AFFIRMATION

»Ich stehe zu meinen Gefühlen und bleibe mir selbst treu.«

RITUAL

Chalchiuhtlicue hört auf ihr Gefühl. Sie mag überempfindlich wirken, doch sie steht zu dem, was sie fühlt, und das macht unsere Welt für alle besser. Ihre Lektion: Nimm dich an, wie du bist. Versuche nicht, jemand anderes zu sein. Strebe danach, die beste Version deiner selbst zu werden.

Dieses Ritual beruht auf dem Element Wasser. Es hilft dir, unterdrückte Gefühle anzunehmen und dich selbst mit einem strahlenden Glücksgefühl zu akzeptieren.

Begib dich an ein freies Gewässer, sei es Meer, Strom, Fluss oder Bach. Du benötigst eine weiße Blume. Sie steht für Reinheit und die Gefühle, die du ausdrücken möchtest.

- Stelle dich ans Wasser und umfasse den Blütenkopf vorsichtig mit beiden Händen.
- Denk an die Gefühle, die du ausdrücken willst, bringe sie an die Oberfläche deines Herzens und deines Geistes.
- Wenn du etwas sagen möchtest, dann tu das (entweder laut oder in deinem Kopf).
- Stelle dir vor, dass alle diese Gefühle in die Blume fließen. Trau dich. Das ist die Gelegenheit für dich, zu sagen, wie du dich wirklich fühlst, und loszulassen.
- Wenn du fertig bist, wirf die Blume ins Wasser und sage: »Ich lasse die Gefühle gehen, ich lasse sie fließen, ich drücke sie aus und lasse sie gehen.«
- Sieh zu, wie die Blume davondriftet, und mache dir bewusst, dass dein Herz offen ist und du ehrlich zu dir selbst warst. Deinen Gefühlen freien Lauf zu lassen, sollte dich mit Frieden erfüllen.

Artemis

Griechische Göttin des Wildes, der Jagd und des Mondes

GABEN
Freiheit,
Selbstwertschätzung,
Geduld, innere Stärke

»DIE AUS DER WILDNIS«

Schnell wie eine Hirschkuh rennt sie durch den Wald. Ihr Haar weht hinter ihr her, wenn sie mit Pfeil und Bogen in der Hand voranprescht – auf alles vorbereitet, was ihren Weg kreuzen könnte. Sie sieht aus wie eine Jägerin (und tatsächlich gehört sie zu den besten dieser Zunft), doch ihre eigentliche Aufgabe ist die einer Beschützerin. Hinter ihrer zarten Gestalt verbirgt sich ungeahnte Stärke. Ihr Gewand umspielt ihre Knie, und auf dem Haupt trägt sie eine Krone in Form einer Mondsichel. Man sieht sofort, dass sie etwas Besonderes ist. Ihre Haut leuchtet wie das Licht des Mondes, der ihr Macht und Stärke verleiht. Außerdem besitzt sie den Instinkt eines Wildtiers. Mit ihren scharfen Sinnen nimmt sie auch noch das kleinste Lebewesen, das leiseste Schnüffeln und Scharren im Unterholz wahr. Nachts beleuchtet der Mond ihren Weg und entfacht ihre Intuition.

Die Jagd, die sie vortrefflich beherrscht, ist für sie kein Sport, denn die Tiere des Waldes sind ihre Familie, und jeder, der es wagt, das Wild respektlos zu behandeln, muss ihren Zorn fürchten.

Artemis ist keusch und jungfräulich. Darauf ist sie stolz. Sie lässt sich nicht den Kopf von hübschen jungen Männern verdrehen. Menschen interessieren sie generell wenig; sie durchstreift lieber das Unterholz oder klettert auf Bäume. Wenn überhaupt ein Mann eine Chance bei ihr hätte, dann wäre es Orion, der Jäger. Er ist ihr in vielem ähnlich und versteht ihre Bestimmung.

Sie nennen sie die »Herrin der Tiere« und wegen ihrer Verbindung zum Mond und seinem Einfluss auf sie auch die »Fackelträgerin«. Tatsächlich verbreitet sie auf vielerlei Weise Licht, so wie auch der Mond immer wieder auf andere Art und Weise erscheint. Niemand kreuzt ungestraft

ihren Weg – doch wenn sie den deinen kreuzt, könnte es sein, dass sie ihr Leuchten mit dir teilt. Allerdings nur, wenn du ihr und dem Wild Respekt erweist. Schau ihr nicht frech in die Augen, wenn du nicht Bekanntschaft mit ihrem Pfeil oder ihrem Dolch machen möchtest.

Sonst könnte es dir ergehen wie ihrem Jagdgefährten Aktaion. Natürlich war er damals jung und närrisch, aber er wusste, worauf er sich einließ, denn ihm war klar, dass Artemis ihre Keuschheit fast ebenso wichtig war wie ihre geliebten Tiere. Aktaion und Artemis hatten schon viele Male miteinander gejagt und die Beute geteilt, um ihre Leute zu ernähren. Man konnte sie auf jeden Fall als Freunde bezeichnen.

Doch an jenem schicksalhaften Tag übertrat Aktaion eine Grenze. Ob sie geahnt hatte, was passieren würde? Wer weiß. Auf jeden Fall hätte er es besser wissen müssen.

Er schlich sich heimlich zu ihrer liebsten Badestelle, und als er aus der Ferne ihre bloße Gestalt sah, wandte er sich nicht ab (oder trat besser noch so schnell wie möglich den Rückzug an), sondern pirschte sich auf dem Bauch kriechend näher heran. Dabei versuchte er jedes Geräusch zu vermeiden, um ihre Aufmerksamkeit nicht zu erregen. Dabei vergaß er wohl, dass auch Artemis eine Jägerin war. Und zwar die beste in der Welt der Götter und der Menschen. Sie hatte ihn bereits entdeckt, wie er sich immer näher heranschlich, um ihren nackten Körper zu bewundern. Wie aus dem Nichts griff sie ihn an – hätte sie es gewollt, wäre das tödlich gewesen. Doch es war schlimmer: Sie warf einen Zauber auf ihn, der ihn in einen Hirsch verwandelte.

Einen Moment lang stand er nur da und konnte nicht glauben, was geschehen war. Dann hörte er seine eigenen Jagdhunde in der Ferne. Sie rannten wie wild, und zwar genau in seine Richtung. Nur noch die Flucht konnte ihn retten, und so stob er davon. Die Jagd hatte begonnen. Aktaion hatte einen Vorsprung, doch am Ende holten seine Hunde ihn ein.

War es grausam? Vielleicht. War es notwendig? Ja. Denn Artemis, die jungfräuliche Göttin, wird niemals zulassen, dass ein Mann ihre Grenzen überschreitet.

Sie ist ein Geschöpf der Wildnis. Sie ist frei, und niemand wird sie je zähmen.

AFFIRMATION

»Freiheit ist meine Entscheidung, mein Recht und meine Stärke.«

RITUAL

Die Willensstärke und die Gewandtheit der mächtigen Artemis wecken bei Göttern wie Menschen gleichermaßen Bewunderung. Trotzig verteidigt sie die Tiere der Wildnis sowie ihre eigene Freiheit und Selbstbestimmtheit.

Sie lehrt uns Selbstwertschätzung und innere Stärke.

Dieses Ritual nimmt Bezug auf den zunehmenden Mond. Es hilft dir, deine innere Stärke zu entfalten und dich zu befreien.

Du benötigst ein Blatt Papier, einen Stift und eine weiße Kerze.

- Zünde zunächst die Kerze an und konzentriere dich eine Zeit lang auf die Flamme. Lass dabei Geist und Gedanken zur Ruhe kommen.
- Wenn du dich in deiner Mitte fühlst, male einen nach oben gebogenen großen Sichelmond auf das Papier. Es ist eines der Symbole der Artemis. Sie wird oft mit einer Mondsichel als Krone dargestellt.
- Stelle dir vor, dies sei deine Krone und deine Fähigkeiten und Eigenschaften würden verstärkt, wenn du sie auf dem Haupt trägst.
- Schreibe jetzt all die Fähigkeiten, Eigenschaften und Stärken auf, die du entfalten möchtest.
- Schließe deine Augen und konzentriere dich auf deinen Scheitel.
- Stelle dir vor, dass dort eine Mondsichel sitzt, die alle Attribute verkörpert, die du aufgeschrieben hast.
- Spüre, wie die Krone auf deinem Haupt dich mit Macht erfüllt.
- Beende das Ritual mit den Worten: »Ich bin mächtig, ich bin fähig, ich bin frei.«
- Positioniere die Zeichnung so, dass du sie jeden Tag sehen kannst und dich daran erinnerst, wie großartig du bist.

Arianrhod

Keltische Göttin des Mondes und des Silberrades

GABEN
Zeit, Schicksal, Wiedergeburt, Manifestation

»DAS SILBERRAD«

Irgendwo zwischen Raum und Zeit stand einst Caer Arianrhod. Es war ein Zauberschloss aus Licht auf einer sich drehenden Insel irgendwo zwischen den Sternen. Mit bloßem Auge war es nicht zu erkennen und auch nicht mit irgendwelchen Instrumenten.

Von der Muttergöttin Don aus glänzenden Tränen erbaut, glitzerte es wie ein betautes Spinnennetz in der Sonne und beherbergte Millionen und Abermillionen Räume. Wozu ein Schloss dient, wenn keiner seine Schönheit sieht? Nun, es war ein heiliger Ort, an dem die Seelen Ruhe fanden, bevor sie sich auf die beschwerliche Reise zu ihrer Endstation machten. Außerdem war es das Zuhause der atemberaubenden Mondgöttin Arianrhod – Tochter der keltischen Göttin Don –, der kosmischen Zauberin, die das Schicksal so vieler in ihren Händen hielt. Als geschickte Weberin herrschte Arianrhod über das Silberrad, das sich stets drehte und das Schicksal aller bestimmte. Jede Drehung bewirkte eine Veränderung. Es war eine große Verantwortung, und Arianrhod nahm sie sehr ernst, denn so wie sie mit ihren Fäden die Geschicke auf der Erde lenkte, so lenkte sie auch die Zügel des Todes. In ihrem Schiff Oar Wheel sammelte sie die Seelen der Verstorbenen, um sie zu ihrer Insel zu bringen. Dort wurde über die Taten und Untaten der Verstorbenen geurteilt und bestimmt, wo sie ihre letzte Ruhe finden sollten.

Vielleicht kennst du die Insel unter dem Namen »Anderswelt«. Es ist der Ort zwischen dieser Welt und der nächsten, ein Zwischenort, den man im Traum leicht erreichen kann. Vielleicht warst du schon einmal dort, auch wenn du dich nicht daran erinnern kannst. Für dich war es nur ein Traum in der Nacht oder eine surreale, bruchstückhafte Wahrnehmung am Tag.

Arianrhod kümmerte sich um die Menschen und begleitete ihr Dasein in all seinem Auf und Ab mit großer Anteilnahme. Sie hatte aber auch eine Leidenschaft für das Meer, insbesondere für Meermänner. Nichts liebte sie so sehr, wie in den Ozean einzutauchen und ihrer Lust zu frönen. Dieser Mutwille bekam ihr schlecht, denn während sie die Lebensfäden anderer in der Hand hielt, verstrickte sie sich in den eignen.

Ihr Onkel Math stand unter einem seltsamen Fluch: Immer wenn er aus der Schlacht kam, musste er seine Füße auf den Schoß einer Jungfrau legen. Für diese Aufgabe schlug der Zauberer Gwydion Arianrhod vor, nachdem diese seine Avancen zurückgewiesen hatte. Die pflichtbewusste, aber auch freiheitsliebende Arianrhod zog es vor, diese Aufgabe zu übernehmen, anstatt Gwydions Frau zu werden. Doch der hinterlistige Gwydion hatte ihr diese Aufgabe nur anvertraut, um sie zu demütigen.

Als Arianrhod in König Maths Schloss eintraf, musste sie über einen verzauberten Stab steigen, um ihre Jungfräulichkeit zu beweisen.

Und wieder einmal drehte sich das Silberrad und bestimmte ihr Schicksal.

Als die Göttin über den Stab sprang, erfasste sie ein jäher Schmerz, und unter starken Wehen gebar sie Zwillinge. Der eine war Dylan, der schöne Sohn eines Meermanns. Er floh mit seinem Vater in den Ozean.

Der andere war aus dem Mutterkuchen gebildet worden und schrecklich verstümmelt. Ihn nahm der listige Gwydion mit sich, um ihn in einem Zauberwald aufzuziehen.

Arianrhod jedoch wurde verspottet – zumindest empfand sie es so –, und manche sagen, das sei das Ende der Geschichte.

Doch wir reden hier von einer Göttin, die Zeit und Schicksal beherrscht, von einer mächtigen Weberin, die neue Lebensfäden aus den Sternen wirken kann. Wie könnte so jemand sich dauerhaft unterkriegen lassen?

Arianrhod kehrte in ihr Schloss zurück. Sie betrachtete das Leben nun mit neuen Augen, gewann neue Einsichten in das Schicksal und begann, auf ihrem Silberrad Fäden für ein neues Muster zu spinnen. Sie richtete sich wieder auf und fand Frieden. Denn die Zeit läuft endlos fort und fort, genau wie Arianrhods Rad, und jede Drehung birgt die Möglichkeit der Wiedergeburt – für Menschen wie Götter gleichermaßen.

Wenn du also das nächste Mal zu den Sternen hinaufblickst oder im Traum jenseits des Mondes wandelst, dann denke immer daran, dass das Silberrad in deiner Griffweite steht.

Und vergiss nicht, dass du wie Arianrhod die Macht besitzt, dein eigenes Schicksal zu weben und aus den Sternen eine neue Wirklichkeit zu erschaffen.

AFFIRMATION

»Meine Gedanken manifestieren meine Wirklichkeit.«

RITUAL

Arianrhods Geschichte zeigt, dass wir den Kreislauf des Lebens mit seinen Höhen und Tiefen nicht ändern, aber dennoch unsere Wirklichkeit gestalten können. Sie folgt ihrem Herzen und bleibt sich auch angesichts eines unabänderlichen Schicksals treu.

Dieses Ritual beruht auf der Kraft deines Geistes. Es hilft dir, deine Wirklichkeit zu gestalten und freudige Ergebnisse zu manifestieren.

Plane etwas Zeit ein, damit du nicht hetzen musst.

- Suche dir einen ruhigen, ungestörten Ort, an dem du dich wohlfühlst.
- Denke über dein Leben nach. Wie würdest du dich gern fühlen? Vielleicht wärst du gern ruhig und geerdet?
- Stelle dir nun eine Situation vor, in der du dich genauso fühlst – vielleicht wenn du am Strand sitzt und dabei zusiehst, wie die Wellen sanft an die Küste schlagen.
- Schließe die Augen und reise im Geist an diesen Ort. Nimm die Szene mit allen Sinnen wahr: Was siehst, hörst, riechst, schmeckst und berührst du?
- Nimm dir ein paar Minuten Zeit und lass die Vorstellung lebendig werden. Entspanne dich und atme tief ein und aus.
- Sage: »Dieses Gefühl trage ich heute den ganzen Tag in mir, egal wie das Silberrad sich auch dreht, ich bleibe dabei.« Immer wenn du dieses Gefühl wieder aufleben lassen willst, musst du nur an die von dir im Geist heraufbeschworene Szene denken und dich entspannen.

Skadi

Nordische Göttin des Winters, der Wildnis und der Berge

GABEN

Freiheit, Mut, Widerstandskraft, Wahrheit

»DAS MÄDCHEN, DAS WIE EIN BERG AUFRAGTE«

Wenn der Winter am kältesten ist, wenn Schneemassen alles unter sich begraben und die Kälte grausam an deinen Knochen nagt, ist die Zeit der nordischen Göttin Skadi gekommen.

Während du blind in einem Schneesturm herumirrst, taub gefroren und zitternd, nicht wissend, ob du jemals lebend aus diesem Sturm herauskommst, wird dir die Riesin begegnen. Sie wird auf ihren riesigen Schneeschuhen heranstapfen, dir hoch aufragend die Sicht nehmen und dabei alles zermalmen, was ihr in den Weg kommt.

Denn hier in den rauen Winterbergen ist Skadis Zuhause. Kaum einer würde auf sich allein gestellt unter solchen Bedingungen überleben, doch Skadi ist eine ganz besondere Göttin. Sie ist furchtlos – doch so war es nicht immer.

Als Kind war Skadi stets an der Seite ihres Vaters, des Riesen Thjazi. Er brachte ihr bei, sich ihre Nahrung mit Pfeil und Bogen selbst zu jagen. Das fröhliche Mädchen trug immer ein Lächeln im Gesicht. Der Winter war ihre Jahreszeit. Sie liebte es, im Schnee zu spielen, denn sie war aus Sternenstaub gemacht.

Doch eines Nachts donnerten die Asen, die wilden Götter von Asgard, auf ihren Pferden durch die Berge. Es kam zu einem Streit mit Skadis Vater, bei dem er den Tod fand, und Skadi blieb allein zurück. Auf einmal fühlte sich das Riesenmädchen winziger als eine Schneeflocke. Und wie eine Schneeflocke ließ sie sich treiben. Doch eine raue Umgebung macht uns stark. Der tägliche Kampf mit den Elementen entfacht Willenskraft und Entschlossenheit. So war es auch bei Skadi.

Sie wurde groß wie ein Berg. Wenn sie atmete, bebte die Erde, wenn sie ausschritt, erzitterte der Himmel. Eines Tages stand sie im Morgengrauen auf und begab sich in ihrer

kostbarsten Rüstung mit Helm und Speer zum Reich der Götter. Sie hatte nur eines im Sinn: Rache!

Für die Götter kam der Angriff nicht überraschend: Skadis mächtige Gestalt war schon von Weitem sichtbar – doch sie war immer noch eine Frau, und die Götter hielten sie nicht für ebenbürtig. Sie lachten, als sie herannahte, doch Skadi erwiderte ihr Lachen mit einem eiskalten, tödlichen Blick. Um unnötiges Blutvergießen zu vermeiden, boten die Götter ihr ein Geschenk als Wiedergutmachung an.

»Du darfst dir jeden Gott hier zum Ehemann wählen, doch wirst du nur die Füße der Götter sehen können. Anhand derer musst du deine Entscheidung treffen.«

Skadi dachte, dass der schönste Gott sicher auch die schönsten Füßen hätte, und traf ihre Wahl. Sie hatte auf den gut aussehenden Balder gehofft, doch die schönsten Füße gehörten dem viel älteren Meeresgott Njord. Da es keinerlei Zweifel an der Abmachung gab, zog sie zu Njord ins Wasserreich und versuchte, das Beste aus ihrer Situation zu machen.

Vielen hätte es im Meeresreich gefallen: ein Leben im Luxus mit aufmerksamen Nymphen, die Skadi stets zu Diensten standen – doch das war nicht ihre Welt. Sie sehnte sich nach der Freiheit ihrer schneebedeckten Gipfel, den schneeweißen Hängen und den windschiefen Bäumen. Ihr Herz sehnte sich nach den Bergen ihrer Heimat, und sosehr sie ihren Ehemann auch liebte, so musste sie doch zuerst sich selbst treu bleiben.

Um seiner Frau eine Freude zu machen, versuchte Njord eine Zeit lang in Skadis Welt zu leben, doch fühlte er sich dort wie ein Fisch auf dem Trockenen und vermisste seine salzigen Tiefen. Also beschlossen sie, sich trotz der Liebe, die zwischen ihnen gewachsen war, zu trennen.

Skadi folgte ihrem Herzen, das sie zu den eisigen Hängen führte, wo sie jagte und die Berge erklomm; sie genoss es, wenn der eisige Wind ihr den Atem nahm und ihr Herz schneller schlagen ließ. Sie blieb sich selbst treu, auch wenn das bedeutete, allein an einem Ort zu leben, an dem endloser Winter herrschte und dessen Kälte nur sie allein ertragen konnte.

Es war ihre Entscheidung.

Ihre Freiheit.

Sie war Skadi, das Riesenmädchen, das wie ein Berg aufragte.

AFFIRMATION

»Ich stehe mutig auf und nehme die Herausforderung an.«

RITUAL

Skadis wichtigste Botschaft lautet: Bleib dir selbst treu. Sie folgt ihrem Herzen, auch wenn es schwerfällt, und steht für das ein, was sie für richtig hält. Sie besitzt Widerstandskraft und begegnet Herausforderungen mit kühlem Kopf.

Dieses Ritual beruht auf dem Element Wasser, auch in Form von Eis (das mit der Göttin assoziiert wird). Es hilft dir, deinen Geist zu beruhigen, und stärkt deine Entschlusskraft, wenn du dich verletzlich fühlst.

Du benötigst einen Quarz (einen polierten Kristallstein oder eine Kristallspitze), frisches Wasser, einen Krug und eine Eiswürfelschale.

- Lege den Quarz in den Krug und bedecke ihn mit Wasser. Quarz ist bekannt für seine heilenden Kräfte, außerdem erneuert er Lebenskraft und Stärke.
- Stelle den Krug über Nacht in den Kühlschrank, damit das Wasser die Energie des Kristalls aufnehmen kann.
- Nimm den Krug morgens aus dem Kühlschrank und den Quarz aus dem Wasser.
- Verteile das Wasser zu gleichen Teilen im Eiswürfelbehälter und stelle ihn ins Gefrierfach.
- Gib jeden Morgen 1–2 Eiswürfel in deinen Kaffee, Saft oder Smoothie.
- Nimm dir Zeit und trinke Schluck für Schluck. Denk dabei an Skadis fantastische Geschichte und daran, wie sie jede Herausforderung mutig angenommen hat. Wie kannst auch du so an deinen Tag herangehen? Vielleicht machst du einfach einen Schritt zurück, atmest tief ein und beruhigst deinen Geist, wenn es auf der Arbeit Probleme gibt. Oder du sagst dir deine Affirmation auf, um dein Selbstvertrauen zu stärken.
- Trage den Quarz stets bei dir. Er erinnert dich daran, dass du mit allem fertigwerden kannst.

Rhiannon

Keltische Göttin des Mondes und der Pferde

GABEN
Geduld, Wahrheit,
Vergebung, Mitgefühl

»DIE WAHRHEIT WIRD DICH BEFREIEN«

Einst herrschte im Zauberreich Dyfed der schöne König Pwyll.

Er verdrehte vielen jungen Frauen den Kopf, aber nur einer einzigen gelang es, ihm das Herz zu stehlen. Als die grün-golden gewandete Göttin Rhiannon auf ihrer leuchtend weißen Stute über Land galoppierte, erblickte der König sie und verliebte sich Hals über Kopf. Nicht nur wegen ihrer zauberhaften Schönheit, sondern auch wegen ihrer reinen Seele, die sie ausstrahlte. Nie zuvor hatte er so etwas erlebt.

Er folgte ihr, doch es gelang ihm nicht, sie einzuholen. Darum rief er ihr zu, und sie zog sofort die Zügel an und wartete auf ihn.

Als er wissen wollte, warum sie vor ihm geflohen war, antwortete sie: »Aber das bin ich nicht. Ihr musstet mich nur rufen, und schon habe ich auf Euch gewartet.«

Der König nickte und wusste sofort, das Rhiannon zu ihm gehörte und sie gemeinsam in Harmonie regieren würden. Die Verbindung zwischen ihnen war so stark, dass ihr Schicksal in diesem Moment besiegelt war. Es gab eine große Hochzeit, und alle im Reich feierten. Kurz darauf gebar Rhiannon einen Sohn, der an Schönheit seinen Eltern gleichkam.

Eines Nachts jedoch geschah etwas Schreckliches: Rhiannon legte sich zur Ruhe und überließ ihren Sohn der Obhut einer Amme, die ebenfalls in tiefen Schlaf fiel. Als die Amme erwachte, war das Kind verschwunden. Aus Angst vor Bestrafung tötete sie einen Welpen und schmierte sein Blut auf die Lippen der schlafenden Rhiannon. Dann bezichtigte sie die Königin, ihr eigenes Kind verschlungen zu haben.

»Sie ist eine Hexe, eine Geliebte des Mondes, kein Wunder!«, rief die Amme, während sie auf Rhiannons blutiges Antlitz zeigte.

Dem König zerriss der Verlust seines Sohnes das Herz, doch auch sein Stolz war tief verletzt. War er so blind gewesen? Aber es gab keine andere Erklärung – das Kind konnte sich ja nicht einfach in Luft aufgelöst haben. Und Rhiannon stand tatsächlich unter dem Einfluss des Mondes. Er könnte sie doch auch in den Wahnsinn getrieben haben ...

Wieder und wieder beteuerte die Göttin ihre Unschuld, sie weinte und flehte, aber der König glaubte ihr nicht. Er ließ sich nicht erweichen.

Obwohl er sie dieses schrecklichen Verbrechens verdächtigte, liebte er sie immer noch und brachte es nicht über sich, sie töten zu lassen. Stattdessen verbannte er sie aus dem Schloss: »Ich will dich nicht mehr sehen. Du wirst den Rest deiner Tage damit verbringen, dein abscheuliches Verbrechen jedem zu beichten, der dieses Schloss besuchen möchte, und ihn dann als erbärmliches Reittier auf dem Rücken den Berg zum Schloss hinaufzutragen!« Rhiannon widersprach nicht. Sie sah, dass der König nicht von seinem Beschluss abweichen würde. So nahm sie die Strafe für ein Verbrechen auf sich, das sie nicht begangen hatte.

Die Amme indes behielt ihr Geheimnis für sich und tröstete Pwyll wegen seines Verlusts.

Jeden Tag musste Rhiannon nun aufs Neue die Scham durchleben und ihre Geschichte jedem Mann und jeder Frau erzählen. Sie wurde verflucht und verspottet und musste dann die Besucher samt Gepäck den steinigen Hang hinauf zum Schloss schleppen. Es war eine mühsame und leidvolle Aufgabe, an der sie in jeder Hinsicht schwer zu tragen hatte – doch sie klagte nicht und suhlte sich auch nicht in Selbstmitleid. Stattdessen flüsterte sie jede Nacht mit dem Mond und ließ ihr Licht über das Land scheinen, in der Hoffnung, ihren Sohn zu finden.

Wie bei jeder Täuschung kam auch hier die Wahrheit eines Tages ans Licht: Das Kind wurde lebend und wohlauf gefunden. Die Lügen der Amme waren widerlegt. Die Familie wurde wieder vereint, und alle, die mit dem Finger auf die Göttin gezeigt und sie verspottet hatten, warfen sich ihr zu Füßen.

Während die meisten Genugtuung verspürt, die Übeltäter vielleicht sogar bestraft hätten, verzieh Rhiannon allen die Sticheleien und die schlechte Behandlung. Sie vergab sogar der Amme, die so viel Leid heraufbeschworen hatte, weil ihr klar war, dass die Frau aus Angst gehandelt hatte.

Vor allem aber vergab sie ihrem Ehemann, der ihr hätte Glauben schenken sollen. Für sie zählte nur, dass die Wahrheit endlich ans Licht gekommen und sie wieder frei war. Von diesem Tag an herrschte Rhiannon voller Mitgefühl, und das Licht des Mondes beschützte sie.

AFFIRMATION

»Ich befreie mich selbst, indem ich mir und anderen vergebe.«

RITUAL

Wie hätte die sanfte Rhiannon ihren Sohn töten können? Ihre Seele ist rein. Sie handelt offenherzig und empfindet selbst für diejenigen, die ihr unrecht taten, noch Mitgefühl. Sie will, dass auch du so handelst, weil es mehr schmerzt, an seinem Groll festzuhalten, als zu verzeihen. Vergebung befreit alle.

Dieses Ritual beruht auf dem klärenden Licht des Mondes. Es hilft dir, vergangene Wunden zu heilen und zu vergeben.

Du benötigst eine weiße Kerze, einen Stift und Papier.

- Zünde zuerst die Kerze an, die für das klärende Licht des Mondes steht.
- Schreibe dir selbst einen Brief, und zwar eine Liste mit Dingen, die du dir selbst vergibst. Beginne mit den Worten: »Ich vergebe mir dafür, dass ...«
- Lass deinen Gefühlen freien Lauf und schreibe einfach drauflos. Lies dann mit mitfühlendem Herzen, was du geschrieben hast.
- Stelle dir vor, du wärst dein bester Freund, der dich um Vergebung bittet.
- Beende das Ritual mit den Worten: »Ich vergebe mir für alles. Ich bin nun frei und kann weitergehen.«
- Nimm das Papier und halte es in die Flammen, bis es zu Asche zerfallen ist.

Lakshmi

Hinduistische Göttin des Wohlstands, des Glücks und des Erfolgs

GABEN
Erfolg, Perfektion, Gnade, Leistung

»GEZEITENWENDE«

Es gab Zeiten, da wandelten Dämonen auf der Erde, sodass die Menschen in ständiger Gefahr lebten. Die Götter zogen in den Krieg gegen die Dämonen, um sie vollständig auszurotten. In dieser angespannten Lage erschien die Göttin Lakshmi. Sie war von besonderer Schönheit und Großzügigkeit – noch nie hatte es ein so zauberhaftes Wesen gegeben. Ihr einziger Wunsch war es, die Welt zu einem besseren Ort zu machen. Alles an ihr strahlte Segen aus, Liebe und Freigiebigkeit bestimmten ihr Wesen. Ihre Macht bestand darin, den Menschen Wohlstand und Glück zu schenken, und das tat sie von ganzem Herzen gern. Das Wichtigste war für sie die Freude in den Augen der Beschenkten.

Sie liebte auch die Schönheit in jeglicher Form – seien es die heiligen Blumen, die vor sie gestreut wurden, oder das holde Antlitz ihres Seelengefährten, des großen Gottes Vishnu.

Eine solche Gottheit hätte wohl kaum jemand in himmlischen Schlachten vermutet, doch Lakshmi glaubte an das Wahre und Gute, genauso wie an den Wert harter Arbeit. Als der hinduistische Gott Indra gegen die Dämonenplage auf der Erde in den Krieg zog, stand sie an seiner Seite und war bereit zu kämpfen. Doch mitten in der Schlacht warf Indra achtlos die heiligen Lotusblüten fort. Dieser Anblick traf Lakshmi so tief ins Herz, dass sie sich in das Meer der Urzeit stürzte und in seinen strudelnden Tiefen verschwand.

Du kannst dir schon denken, dass dies zu einer Wendung der Schlacht führte, denn überall, wo Lakshmi weilte, gab es Licht und Güte, doch mit der Göttin verschwanden auch sie. Die Welt verfiel in unendliche Dunkelheit, Himmel und Erde verschmolzen, und Schatten breiteten sich aus.

Während die Götter einen Verlust nach dem anderen erfuhren, triumphierten die Dämonen. Alle Hoffnung schien verloren. Schließlich kam Vishnu der rettende Gedanke: »Wir müssen Lakshmi zurückholen. Dafür müssen wir den Milchozean so lange durchkämmen, bis wir sie gefunden haben. Sie kann als Einzige die Gezeiten unseres Schicksals wenden und uns retten.«

»Den ganzen Ozean? Wie sollen wir das schaffen?«, riefen die anderen Gottheiten.

Doch Vishnu war fest entschlossen: »Es wird uns viel Anstrengung kosten, doch es ist die Mühe wert, wenn es uns den Sieg bringt.«

Also reisten die Götter durch Raum und Zeit zum Urmeer, dem Milchozean, und durchkämmten ihn immer und immer wieder. Mehrere Tausend Jahre lang suchten sie mit aller Kraft. Als sie schließlich dachten, dass all ihre Bemühungen erfolglos waren, begann der Ozean, Wellen zu schlagen und sich zu teilen. Die Schätze der Tiefe stiegen an die Oberfläche in die Arme der Götter. Edelsteine, die nur am Meeresgrund zu finden sind, das Elixier des Lebens, das Unsterblichkeit verspricht ... All das und mehr drängte ans Tageslicht. Als sich die Wasser endlich wieder beruhigten, erschien die Göttin Lakshmi in einem prächtigen roten Gewand und mit einer wunderschönen Lotusblüte in der Hand. Sie war sogar noch schöner als in ihrer vorherigen Inkarnation.

Als sie ihren Platz an der Seite Vishnus und der anderen Gottheiten einnahm, brachte sie alles Gute mit sich, das es jemals auf der Welt gegeben hatte und geben würde. Sie lächelte, und ihr ganzer Körper begann zu leuchten, sodass alle geblendet waren. Ihre Segensgaben waren endlos. All die harte Arbeit der Götter wurde nun von Erfolg gekrönt. Die Gezeiten des Schicksals hatten sich gewendet, die Göttin Lakshmi entfesselte ihre Macht, und die Dämonen wurden besiegt.

Nun füllte sich die Erde wieder mit Gutem. Die Menschen erfuhren Freude und Fülle und priesen die große Göttin Lakshmi für ihre Gaben. Das Beispiel der Götter, die Tausende von Jahren den Ozean durchkämmt hatten, zeigte ihnen, dass sich Arbeit und Mühe lohnten. Lakshmi sah die Hingabe der Menschen und beschenkte sie mit Erfolg und Reichtümern, von denen sie nicht einmal zu träumen gewagt hätten. Sie wendete die Gezeiten der menschlichen Schicksale, so wie sie es vor Tausenden von Jahren gemacht hat, als noch Dämonen auf der Erde wandelten.

AFFIRMATION

»Ich wende die Gezeiten meines Schicksals mit Fleiß und Anmut.«

RITUAL

Den Fleißigen schenkt die schöne Lakshmi Fülle und Glück. Sie belohnt harte Arbeit mit Erfolg, und wer das Auf und Ab seines Schicksals mit Demut annimmt, wird von ihr mit der Chance auf einen Neubeginn beschenkt.

Dieses Ritual beruht auf einem der bekanntesten Symbole Lakshmis. Es hilft dir, ein glückliches Schicksal für dich und andere herbeizurufen.

Die Lotusblüte und die anderen heiligen Blumen, mit denen Lakshmi dargestellt wird, symbolisieren Schönheit und Güte.

Für diese Übung benötigst du Stift und Papier sowie einen Strauß deiner Lieblingsblumen, die noch in Knospe stehen.

- Überlege zunächst, was du herbeirufen möchtest. Wie sieht das glückliche Schicksal aus, das dir vorschwebt? Vielleicht möchtest du eine Beförderung oder Glück in der Liebe.
- Fasse in ein paar Sätzen zusammen, was du zu erreichen hoffst.
- Arrangiere dann die Blumen in einer mit Wasser gefüllten Vase.
- Stelle die Vase auf das Papier, auf dem du deine Ziele notiert hast.
- Wechsle jeden Tag das Wasser in der Vase, schneide die Blumen an, arrangiere sie neu und entferne verwelkte Blüten. Nimm dir Zeit und gib dir Mühe, damit sie immer schön aussehen.
- Wiederhole die Affirmation für Lakshmi jedes Mal, wenn du dich um die Blumen kümmerst, so vergisst du nie, dass Anstrengung zu guten Ergebnissen führt.

Aphrodite

Griechische Göttin des Meeres, der Liebe und der Schönheit

GABEN

Liebe, Selbstsicherheit, Leidenschaft, Schönheit

»DER GOLDENE APFEL DER ZWIETRACHT«

Es war einmal eine anmutige und sinnliche Göttin, die alle anderen an Schönheit übertraf, denn sie war die Göttin der Liebe.

Ihr Lächeln brachte Herzen zum Schmelzen, und ihre Stimme war so beruhigend und mächtig wie das Meer, dem sie in ihrer erwachsenen Gestalt entstiegen war. Auch ihr Wesen glich dem Ozean, der ebenso ruhig wie stürmisch sein kann. Ihr Blick entfachte Leidenschaft – wer in ihren Augen versank, war verloren und trieb für den Rest seines Lebens im Liebeswahn dahin.

Nun klingt »Liebesgöttin« nach einer recht vergnüglichen Aufgabe – doch Aphrodite war schnell gelangweilt und vertrieb sich die Zeit mit zahlreichen Affären sowie Kuppeleien und Einmischungen in die Liebesangelegenheiten von Menschen und Göttern. Meist verfolgte sie dabei gute Absichten, doch sie hatte auch diebische Freude daran, Spielchen zu spielen, Liebschaften zu arrangieren und Verwirrung zu stiften. Wenn ein Mann es wagte, sie zu betrügen oder zu übervorteilen, nutzte sie die Macht der Liebe, um sich zu rächen.

So erging es auch Menelaos, dem König von Sparta. Er hatte Aphrodite eine Viehherde versprochen, damit sie ihm half, die Hand der schönen Helena zu gewinnen – doch als er dann glücklich verheiratet war, hielt er sich nicht an die Abmachung. Nun ist es nie eine gute Idee, die Götter und Göttinnen zu erzürnen, aber Aphrodite war besonders rachsüchtig. Sie beschloss, dem König das zu nehmen, was für ihn wertvoller war als jeglicher irdische Besitz – seine Braut.

Schon bald bot sich die perfekte Gelegenheit, diesen Plan umzusetzen: Alles begann mit einem Apfel, der einen frivolen Wettstreit unter den Gottheiten auslöste. Eigent-

lich ist so ein Apfel eine köstliche Frucht – aber in der Welt der Götter ist nichts so, wie es scheint. Hier ging es nicht um ein gewöhnliches Gartenobst, sondern um einen goldenen Apfel, welchen Eris, die Göttin der Zwietracht, in den Garten der Götter geworfen hatte. Auf der Frucht standen drei kleine Worte: »Für die Schönste«. Natürlich begann unter den vielen schönen Göttinnen sofort wildes Gezänk.

Wer sollte eine solche Entscheidung treffen? Die Aufgabe hätte dem Mächtigsten unter ihnen, dem Göttervater Zeus, zugestanden – doch der war nicht dumm. Er wusste: Sobald er eine der Göttinnen auswählte, würden sich die anderen allesamt vor den Kopf gestoßen fühlen. Also tat er, was jeder weitsichtige Gott in einer verfahrenen Situation tun würde – er delegierte.

Der junge Prinz Paris sollte die Wahl treffen. Insgesamt beanspruchten drei Göttinnen den Titel für sich: Aphrodite, Hera und Athene. Jede von ihnen versuchte Paris zu bestechen. Hera bot ihm Macht, Athene Weisheit. Obwohl diese Geschenke durchaus verlockend waren, konnten sie den Jüngling nicht überzeugen.

Aphrodite bot als Letzte ihr Geschenk an. Sie nahm sich Zeit und blickte dem Prinzen tief in die Augen, bis in seine Seele. Da wusste sie, dass er sich auf der Welt nichts mehr wünschte als Liebe. Und das wiederum war etwas, das nur sie ihm geben konnte.

»Mein Prinz, ich verspreche dir die Hand der schönsten Frau der Welt. Ihr Name ist Helena von Sparta«, säuselte sie.

Damit waren die Würfel gefallen. Der Prinz legte Aphrodite den goldenen Apfel in die schlanke Hand, und die Göttin nahm wohlwollend seinen flüchtigen Wangenkuss entgegen: Sie wusste, was nun folgen würde. In diesem Augenblick verknüpften sich die Fäden des Schicksals exakt so, wie sie es geplant hatte.

Paris entführte Helena nach Troja, und alsbald begann eine grausame Schlacht, denn König Menelaos forderte seine Braut mit Waffengewalt zurück. Hätte er doch nur sein Wort gehalten! Aber die Menschen sind eben wankelmütig und selbstsüchtig.

Aphrodite verfolgte das Drama amüsiert. Alles war genau so gelaufen, wie sie es geplant hatte. Den anderen Göttern gegenüber spielte sie natürlich die Unschuldige. Wieso sollte sie denn etwas damit zu tun haben? Sie war doch die Göttin der Liebe und der Schönheit, nicht die des Krieges!

Sie schob alle Schuld auf den Apfel: »Der soll von nun an als ›Apfel der Zwietracht‹ bekannt sein!«

AFFIRMATION

»Ich bin Liebe, ich gebe Liebe, ich empfange Liebe, ich liebe mich selbst.«

RITUAL

War Aphrodites Vorgehen hinterlistig? Sie findet, dass sie für Gerechtigkeit gesorgt hat. Sie glaubt an sich, und diese Selbstsicherheit erlaubt es ihr, sich voll zu entfalten und ihre natürliche Anziehungskraft strahlen zu lassen. Sie hilft dir, dich selbst zu lieben und so auch dein Herz für andere zu öffnen.

In diesem Ritual geht es um dein Selbstbild. Es stärkt dein Selbstwertgefühl und zieht liebende Energie an.

Am besten führst du es jeden Tag zur gleichen Zeit durch. Zum Beispiel morgens vor dem Weg zur Arbeit oder abends vor dem Schlafengehen.

- Stelle dich vor einen Ganzkörperspiegel und betrachte dich ein paar Minuten lang. Der Spiegel ist ein Symbol Aphrodites – sie hatte überhaupt nichts dagegen, sich selbst zu bewundern!
- Atme tief ein und stelle dir beim Ausatmen vor, dass ein Lichtstrahl aus deinem Scheitel dich sanft nach oben zieht, sodass deine Wirbelsäule ganz lang wird.
- Nimm die Schultern zurück und verteile dein Gewicht gleichmäßig auf beide Füße.
- Atme weiter tief ein und aus und schau dir dabei selbst in die Augen. Verbinde dich mit deiner inneren Göttin und sieh die Schönheit in dir.
- Lächle. Wenn dir nicht danach ist, zwinge dich dazu. Du wirst merken, wie sich deine Gefühle allmählich ändern. Achte darauf, wie das Lächeln dein Gesicht erhellt.
- Schau dir weiterhin selbst in die Augen und sage: »Ich bin wunderschön, ich liebe mich.«

Ein Wort zum Schluss

Die Geschichten in diesem Buch sollen dir eine Reise in die wundervolle Welt der Göttinnen ermöglichen und dir zeigen, wie diese dir helfen und dich inspirieren können. Jede hat eine eigene Botschaft, eine besondere Aufgabe, die sich von der aller anderen unterscheidet. Die Geschichten sind so einzigartig wie deine Reaktion darauf, daher werden dich manche mehr ansprechen als andere.

Es wird dir mit den Göttinnen so gehen wie mit den Menschen auch: Zu manchen findest du eine spontane Verbindung und verstehst sie instinktiv. Der Zugang zu anderen mag dir hingegen schwerer fallen. Manche bereiten dir vielleicht sogar Unbehagen. Doch auch diese können dir dabei helfen, etwas über dich selbst zu lernen und Themen anzugehen, die du sonst vielleicht vermieden hättest. Wie auch immer du auf sie reagierst: Auf diesen Seiten sind Freude und Schwesternschaft zu finden, Erleuchtung und Ermutigung – und vor allem Berufung.

Wenn du die Gaben der Göttinnen wirklich verstehst, wird es dir möglich sein, dich mit der Göttin in dir zu verbinden und deine Kraft zu entfalten.

Leseempfehlungen

Warriors, Witches, Women von Kate Hodges, White Lion Publishing

Encyclopedia of Goddesses and Heroines von Patricia Monaghan, New World Publishing (Deutsch: Lexikon der Göttinnen, O.W. Barth Verlag)

Be Your Own Goddess von Kirsten Riddle, CICO Books

Evolution of Goddess von Emma Mildon, Atria/Enliven Books

Dank

Mein Dank geht an meine unglaubliche Herausgeberin Chloe Murphy (die ein magisches Händchen für Bücher hat) und das fantastische Team von Leaping Hare Press. Sie haben dieses Buch ermöglicht. Außerdem danke ich Katja für ihre wundervollen Illustrationen, mit denen sie die Geschichten zum Leben erweckt und die Schönheit jeder einzelnen Göttin herausgearbeitet hat. Imogen danke ich für den behutsamen Feinschliff im Lektorat. Und dann geht natürlich noch ein großer Dank an all die Göttinnen da draußen – an all die fabelhaften Frauen, die unsere Welt schaffen und gestalten. Ihr seid GÖTTLICH.

Wichtig!

Die Informationen in diesem Buch dienen nur zu Informationszwecken und ersetzen nicht den Rat eines Therapeuten, Arztes oder Heilpraktikers. Es besteht die Möglichkeit allergischer oder anderer unerwünschter Reaktionen bei der Verwendung von Inhaltsstoffen, ätherischen Ölen oder anderen Gegenständen, die in diesem Buch erwähnt werden.
Suche im Zweifelsfall den Rat eines Arztes oder eines anderen qualifizierten Gesundheitsdienstleisters, insbesondere wenn du an einer Krankheit leidest oder schwanger bist.
Die Autorin und der Herausgeber schließen im gesetzlich zulässigen Umfang jegliche Haftung für Fehler, Verletzungen, Krankheiten, Verluste, Schäden, Haftungen oder Ausgaben aus, die direkt oder indirekt aus der Nutzung oder Anwendung der in diesem Buch enthaltenen Informationen entstehen.

Index

Titel der Originalausgabe: Goddess Stories.
Discover Their Mythology

Erschienen bei Leaping Hare Press, einem
Imprint der Quarto Group

Design: Georgie Hewitt

Text: Alison Davies

Illustrationen: Katja Perez

Produktion: Maeve Healy

Projektleitung: Chloe Murphy

Lektorat: Katerina Menhennet

Deutsche Erstausgabe

Ein Unternehmen der Média-Participations

Projektleitung: Anja Sommerfeld, Knesebeck Verlag

Übersetzung: Ulrike Brandhorst, Lauda-Königshofen

Lektorat: Susann Harring, München

Umschlagadaption: Leonore Höfer, Knesebeck Verlag

Satz: Bernadett Linseisen (schere.style.papier), München

Printed in China

ISBN 978-3-95728-892-9

www.knesebeck-verlag.de

MIX
Papier | Fördert gute Waldnutzung
FSC® C016973